प्रार्थना का महत्व भाग -

किस प्रकार आप अपने कलीसिया या परिवार में एक प्रार्थना सेवकाई का आरम्भ कर सकते हैं

अरविंद एफ्रैम

Made with ♥ on the Notion Press Platform
www.notionpress.com

मैं प्रभु यीशु और मेरी पत्नी सुभाषिनी और मेरे बच्चे सेफस, जेसुरुन और एबी को धन्यवाद देना चाहूंगा। इसके अलावा मैं आपको चर्च और दोस्तों को धन्यवाद देना चाहता हूं। और इस पुस्तक को अंग्रेजी से हिंदी में अनुवाद करने के लिए मेरे बेटे नरेश पीटर का विशेष धन्यवाद। देना चाहता हूं

क्रम-सूची

भूमिका

वर्तमान समय काफी चिंताजनक समय है, जब मैं यह पुस्तक "*प्रार्थना का महत्त्व भाग-2*" लिख रहा हूं, COVID-19 दुनिया भर में आतंक पैदा कर रहा है। हमारे देश एवं कई देशों के लाखों लोग इससे प्रभावित हो चुके है और कई लोगों ने अपने प्रियजनों को खो दिये है और कई अब भी इस वायरस से जूझ रहे हैं। मैंने अपने बीस साल के सेवकाई में ऐसी दशा कभी नहीं देखी, जहां चर्च बंद हों गयें और लोग भय में जी रहे हों। यह एक सर्वव्यापी महामारी है और कोई भी भय के साथ इस पर विजय प्राप्त नहीं कर सकते है बल्कि सिर्फ प्रभु यीशु में विश्वास के द्वारा ही विजय प्राप्त कर सकते है। मनुष्य के पाप के परिणाम के कारण चिंताएँ है, परन्तु प्रभु यीशु के विश्वासियों के रूप में, हमें अपने आस-पास की स्थितियों पर नहीं बल्कि परमेश्वर के वचन पर ध्यान देने की आवश्यकता है। परमेश्वर का वचन हमें सिखाता है कि चिंताओं से कैसे निपटें **फिलिप्पियों 4:6-7**"*किसी भी बात की चिन्ता मत करो: परन्तु हर एक बात में तुम्हारे निवेदन, प्रार्थना और विनती के द्वारा धन्यवाद के साथ परमेश्वर के सम्मुख उपस्थित किए जाएं। तब परमेश्वर की शान्ति, जो समझ से बिलकुल परे है, तुम्हारे हृदय और तुम्हारे विचारों को मसीह यीशु में सुरिक्षत रखेगी॥*" बाइबल कहती है, हर परिस्थिति में यदि हम धन्यवाद के साथ परमेश्वर से प्रार्थना और याचिका करे तो हम शांति की स्थिति में प्रवेश करेंगे।

लेकिन ये कैसे काम करता है? हम मनुष्य, व्यावहारिकता पर अधिक ध्यान केंद्रित करते हैं लेकिन एक शिशु या बीज कभी चिंतित नहीं होते कि वे कैसे विकसित होंगे। वे बढ़ने के लिए पैदा हुए हैं और उनके विकास के लिए एकमात्र स्थिति की आवश्यकता है उचित या अनुकूल वातावरण। यह उचित या अनुकूल वातावरण हमारी प्रार्थना है। एक विश्वासी के रूप में हमें परमेश्वर से प्रार्थना एवं करने की आवश्यकता है और प्रदान करना परमेश्वर जानते है क्योंकि उन्होंने हमसे वादा किया है कि वे हमारी प्रार्थनाओं का उत्तर देंगे। **मत्ती**

7:7-8"*मांगो, तो तुम्हें दिया जाएगा......क्योंकि जो कोई मांगता है, उसे मिलता है...*"।

"*प्रार्थना का महत्त्व भाग-1*" में मैंने विभिन्न प्रार्थनाओं और उनके महत्व को साझा किया था और इस पुस्तक में जो उसी पुस्तक का दूसरा भाग है , मैंने कुछ और प्रकार की प्रार्थनाएँ साझा किया हूँ, जिनका मैं एक दशाब्दी से भी अधिक समय से अभ्यास और प्रचार कर रहा हूँ। पतरस हमें बताते है कि "*सब बातों का अन्त तुरन्त होने वाला है; इसलिये संयमी होकर प्रार्थना के लिये सचेत रहो*"**(1 पतरस 4:7)**। प्रार्थना का अभ्यास करना आवश्यक है। प्रार्थना के विषय में बाइबल पढ़ने के दौरान मुझे पता चला कि लोगों ने हर परिस्थिति और हालत में परमेश्वर से प्रार्थना किए न कि केवल चयनित समयों में। प्रार्थना में, दानिय्येल ने धन्यवाद दिया **दानिय्येल 6:10**"*जब दानिय्येल को मालूम हुआ कि उस पत्र पर हस्ताक्षर किया गया है, तब वह अपने घर में गया जिसकी उपरौठी कोठरी की खिड़कियां यरूशलेम के सामने खुली रहती थीं, और अपनी रीति के अनुसार जैसा वह दिन में तीन बार अपने परमेश्वर के साम्हने घुटने टेक कर प्रार्थना और धन्यवाद करता था, वैसा ही तब भी करता रहा।*" प्रार्थना में, इस्राएलियों ने क्षमा की प्रार्थना की **गिनती 21:17** "*उस समय इस्त्राएल ने यह गीत गया, कि हे कूएं, उबल आ, उस कूएं के विषय में गाओ!*"। हन्ना ने अपनी बांझपन के लिए प्रार्थना की **1 शमूएल 1:10**"*और यह मन में व्याकुल हो कर यहोवा से प्रार्थना करने और बिलख बिलखकर रोने लगी।*" एलीशा ने प्रार्थना की कि परमेश्वर उसके सेवक की आँखें खोले **2 राजा 6:17**"*तब एलीशा ने यह प्रार्थना की, हे यहोवा, इसकी आंखें खोल दे कि यह देख सके। तब यहोवा ने सेवक की आंखें खोल दीं, और जब वह देख सका, तब क्या देखा, कि एलीशा के चारों ओर का पहाड़ अग्निमय घोड़ों और रथों से भरा हुआ है।*" एलीशा ने अब अपने दुश्मनों की आँखें बंद करने की प्रार्थना की **2 राजा 6:18**"*जब अरामी उसके पास आए, तब एलीशा ने यहोवा से प्रार्थना की कि इस दल को अन्धा कर डाल। एलीशा के इस वचन के अनुसार उसने उन्हें अन्धा कर दिया।*" राजा हिजकिय्याह अपने चंगाई के लिए प्रार्थना की **2 राजा 20:2** "*तब उसने भीत की ओर मुंह फेर, यहोवा से प्रार्थना कर के कहा, हे*

यहोवा"! नए नियम के विश्वासियों ने साहस के लिए प्रार्थना की **प्रेरितों के काम 4:29** *"अब, हे प्रभु, उन की धमकियों को देख; और अपने दासों को यह वरदान दे, कि तेरा वचन बड़े हियाव से सुनाए। "* शमूएल एक उदाहरण देता है जो हमें प्रोत्साहित करता है कि हमें हमेशा परमेश्वर के लोगों के लिए प्रार्थना करनी चाहिए, **1 शमूएल 12:23** *"फिर यह मुझ से दूर हो कि मैं तुम्हारे लिये प्रार्थना करना छोड़कर यहोवा के विरुद्ध पापी ठहरूं; मैं तो तुम्हें अच्छा और सीधा मार्ग दिखाता रहूंगा"।* एज्रा संरक्षण के लिए प्रार्थना करता है, **एज्रा 8:21** *"तब मैंने वहां अर्थात अहवा नदी के तीर पर उपवास का प्रचार इस आशय से किया, कि हम परमेश्वर के साम्हने दीन हों; और उस से अपने और अपने बाल-बच्चों और अपनी समस्त सम्पत्ति के लिये सरल यात्रा मांगें।"* नहेमायाह अपनी सफलता के लिए प्रार्थना करता है, **नहेमायाह 1:11** *"हे प्रभु विनती यह है, कि तू अपने दास की प्रार्थना पर, और अपने उन दासों की प्रार्थना पर, जो तेरे नाम का भय मानना चाहते हैं, कान लगा, और आज अपने दास का काम सफल कर, और उस पुरुष को उस पर दयालु कर। (मैं तो राजा का पियाऊ था।)"।* इस्राएलियों ने फुसफुसाहट में प्रार्थना की **यशायाह 26:16** *"हे यहोवा, दुःख में वे तुझे स्मरण करते थे, जब तू उन्हें ताड़ना देता था तब वे दबे स्वर से अपने मन की बात तुझ पर प्रगट करते थे"।* दाऊद प्रार्थना में जोर से रोता है **भजन संहिता 28:2** *"जब मैं तेरी दोहाई दूं, और तेरे पवित्र स्थान की भीतरी कोठरी की ओर अपने हाथ उठाऊं, तब मेरी गिड़गिड़ाहट की बात सुन ले"।*

चाहे प्रार्थना गिड़गिड़ाहट, निवेदन, स्तुति, धन्यवाद, उपासना, रोना, फुसफुसा, या नृत्य का हो, परमेश्वर सभी प्रार्थनाओं को स्वीकार किये और अपने बच्चों को जवाब दिये। प्रभु यीशु को भी प्रार्थना करने की आदत थी यदि यह उनके लिए महत्वपूर्ण था तो यह हमारे लिए भी महत्वपूर्ण होना चाहिए।।

मैं परमेश्वर से यह प्रार्थना करता हूं कि यह पुस्तक सभी पाठकों के लिए एक वरदान बने और पवित्र आत्मा कुछ नई बातें बताए और प्रकट करे। परमेश्वर आपको आशीष दे। *आमीन!*

1

प्रार्थना अन्योन्याश्रित(परस्पर-निर्भरता) है

जब परमेश्वर ने पुरुष और स्त्री की रचना की, परमेश्वर उनके साथ अंतरंगता रखना चाहता था। परमेश्वर उनके लिए मालिक(Boss) नहीं थे क्योंकि परमेश्वर कभी इंसान का एक मालिक (Boss) बनना नहीं चाहते थे, बल्कि परमेश्वर हमेशा एक पिता बनना चाहते थे। लेकिन शैतान के भ्रामक शब्दों ने मनुष्य को यह महसूस कराया कि परमेश्वर एक मालिक (Boss) था और शैतान ने हव्वा को यह विश्वास दिलाने के लिए एक चाल चली कि यदि तुम फल खाते हो तो तुम परमेश्वर के अधीन में नहीं रहोगे बल्कि उनके समान बन सकते हो, तथा यह हव्वा के लिए एक मनभावन प्रस्ताव लगा और उसने आदम को उसके साथ फल खाने के लिए प्रेरित किया और वे दोनों परमेश्वर की आज्ञा का उल्लंघन किए। और मनुष्य के जीवन में पाप और बीमारी और मृत्यु आयी। परमेश्वर जो चाहते थे, वह अन्योन्याश्रय संबंध था। जिसका अर्थ है कि यदि आप उसके पास आते हैं तो वह आपके करीब आएगा, यदि आप उसकी ओर मुड़ते हैं तो वह आपकी ओर मुड़ेगा। परमेश्वर हमारे लिए एक सौ प्रतिशत उपलब्ध है परंतु तब ही हम उन तक पहुंच सकते हैं जब हम अपने आपको सौ प्रतिशत समर्पण करते हैं और इसे ही

अन्योन्याश्रय कहा जाता है, अंगेज़ी बाइबिल के अनुसार इसे कहा जाता है अबाइड (Abide)।

अन्योन्याश्रय (Abide)

यूहन्ना 15:7 *"यदि तुम मुझ में बने रहो, और मेरी बातें तुम में बनी रहें तो जो चाहो मांगो और वह तुम्हारे लिये हो जाएगा।"*

अन्योन्याश्रय (Abide) का अर्थ है, "बने रहना, टिकना"। हमें प्रभु यीशु के साथ सिर्फ एक संबंध से ही संतुष्ट नहीं हो जाना चाहिए किन्तु वह जो चाहता है वह है 'अंतरंगता'। "यदि तुम मुझमें बने रहो", हमें "यदि 'शब्द पर ध्यान केंद्रित करने की आवश्यकता है, 'यदि' जो शब्द है वो आत्म इच्छा की बात करता है, वह हमारे साथ घनिष्ठ संबंध के लिए बहुत इच्छुक है और इस संबंध के लिए हमें मजबूर नहीं कर रहा है, लेकिन हमारे इच्छा का इंतज़ार कर्ता है। अन्यथा यह शब्द "यदि तुम मुझ में बने रहो " के बजाय "तुमको मुझमें बना रहना होगा" होता।

"मेरी बातें तुम में बनी रहे", जॉन जी लेक ने कहा, 'मैं मानता हूं कि सभी शास्त्र सुसमाचार के एक सामान्य न्यायालय हैं, लेकिन यीशु के शब्द सुसमाचार के सर्वोच्च न्यायालय हैं। जब मैं सर्वोच्च न्यायालय का निर्णय चाहता हूं तो मैं यीशु के शब्दों के लिए अपील करता हूं I "मेरी बातें तुम में बनी रहे", तो परमेश्वर का वचन लोग़ोस(Logos) के साथ-साथ रीमा(Rehma) भी है। हमें अपनी आध्यात्मिक यात्रा में दोनों की आवश्यकता है।

लोग़ोस(Logos)

लोग़ोस(Logos) का उपयोग परमेश्वर के निरंतर, लिखित शब्द को संदर्भित करने के लिए किया जाता है, जिसे हमने बाइबल में दर्ज किया है। परमेश्वर का शब्द पवित्र आत्मा से प्रेरित है, इसे "थिओनस्टोस" (Theoneustos) कहा जाता है जिसका अर्थ है 'दिव्य शब्दावली'। परमेश्वर का वचन प्रामाणिक, आधिकारिक और लागू करने के लिए उपयोगी होता है ।2 तीमुथियुस 3:16 "हर एक पवित्रशास्त्र परमेश्वर की प्रेरणा से रचा गया है और उपदेश, और समझाने, और सुधारने, और धर्म की शिक्षा के लिये लाभदायक है।"

प्रामाणिक: बाइबल की सभी 66 पुस्तकों निर्विवाद मूल के हैं और वास्तविक और प्रामाणिक हैं।

आधिकारिक: वे आधिकारिक हैं। निश्चित रूप से, दिव्य प्रेरणा के लिए हमारे जीवन के हर सत्र में काम करते है।

लागू करने: जब आप परमेश्वर के वचन की इन विशेषताओं को ध्यान में रखते हैं, तो तार्किक और आध्यात्मिक निष्कर्ष यह है कि परमेश्वर का वचन हमेशा प्रासंगिक है और आपके जीवन में लागू किए जा सकते है। जैसे-जैसे हम अपने जीवन को उनके शब्दों में ढालेंगे, हमारा जीवन भी प्रासंगिक हो जाएगा।

रीमा(Rehma)

रीमा (Rehma) बाइबल में शब्द के लिए इस्तेमाल किया जाने वाला कम जाना जाने वाला ग्रीक शब्द है, और यह हमारे लिए परमेश्वर के त्वरित, व्यक्तिगत बोलने को संदर्भित करता है। हमारा परमेश्वर चुप नहीं है; वह एक निरंतर बोलने वाला परमेश्वर है। वह न केवल अपने लिखित शब्द के माध्यम से, लेकिन विशेष परिस्थितियों में हमसे सीधे अपने स्वर के द्वारा बात करते है।

लोगोस और रीमा दोनों ही हमें ज़रूरत है क्योंकि हमें आध्यात्मिक रूप से विकसित होने के लिए दोनों की आवश्यकता है। जब परमेश्वर हमसे बातें करते है तो वे संचार के इन दो तरीकों का उपयोग करते है। वे हमसे लिखित शब्द के माध्यम से और साथ ही बोले गए शब्द के माध्यम से भी बाते करते है। वे दोनों आपस में जुड़े हुए हैं। जो लोगोस में नहीं है, वह परमेश्वर नही बोलेंगे। लोगोस एक मुद्रित नक्शे की तरह है और रोमा एक व्यक्तिगत मार्गदर्शक की तरह है। इसलिए यदि हम अपने गंतव्य(लक्ष्य) को नहीं चूकना चाहते हैं तो हमें दोनों की आवश्यकता है।

प्रार्थना करने का मूल आधार प्यार या प्रभु से प्यार करना है। परमेश्वर के साथ आपकी दिव्य यात्रा तब शुरू होती है जब आप परमेश्वर से प्यार करने लगते हैं। यदि कोई परमेश्वर से प्यार नहीं करता है तो वह प्रार्थना नहीं करेगा। बाइबल में प्यार को **(1)** इरोस **(2)** स्टोर्ज **(3)** लुडस **(4)** प्राग्मा **(5)** फिलोटिया **(6)** अगापे **(7)** फिल्यो में

वर्गीकृत किया गया है।

इरोस

इरोस यौन या आवेशपूर्ण प्रेम है, प्रेम-प्रसंगयुक्त के आधुनिक निर्माण के लिए सदृश्य है।

स्टोर्ज

स्टोर्ज पारिवारिक प्रेम है, माता-पिता और बच्चों के बीच प्रेम से संबंधित एक प्रकार का दार्शनिक प्रेम है।

लुडस

लुडस चंचल या बिना प्यार वाला होता है। इसमें छेड़ना और नाचना, या फ्लर्टिंग(flerting), छेड़खानी और संयुग्मन जैसी गतिविधियाँ शामिल हो सकती हैं। ध्यान मज़े पर होती है और कभी अधीनता पर भी जो बिना किसी तार के जुड़ा हुआ सम्बंध है।

प्राग्मा

प्राग्मा एक प्रकार का व्यावहारिक प्रेम है, जो कारण या कर्तव्य और किसी के दीर्घकालिक हितों पर स्थापित होता है। जैसा एक सैनिक अपने देश या कर्तव्य से प्यार करता है ।

फिलोटिया

फिलोटिया,आखिरकार स्वार्थपरता(आत्म-प्रेम) है। उदाहरण: वह शैतान है क्योंकि वह केवल खुद से ही प्यार करता है।

आगापे (Agape)

आगापे (Agape) का जन्म भावनाओं, परिचित या आकर्षण से नहीं, बल्कि इच्छाशक्ति और एक विकल्प के रूप में हुआ है। यह वह प्रेम है जिसे परमेश्वर करता है। उसने पूर्वनिर्धारित किया कि वह हमसे प्यार करेगा। अगापे को बदले में कुछ भी उम्मीद किए बिना ईमानदारी, प्रतिबद्धता और बलिदान की आवश्यकता होती है। यह उस प्रकार का प्रेम है जिस पर बाइबल सबसे अधिक प्रकाश डालती है। नए नियम में 200 से अधिक बार आगापे (Agape) का जिक्र किया गया है। हमें अगापे प्रेम की परिभाषा 1कुरिन्थियों से मिलती है 1 कुरिन्थियों 13: 4-8 "प्रेम धीरजवन्त है, और कृपाल है; प्रेम डाह नहीं करता; प्रेम अपनी बड़ाई नहीं करता, और फूलता नहीं। वह अनरीति नहीं चलता, वह

अपनी भलाई नहीं चाहता, झुंझलाता नहीं, बुरा नहीं मानता। कुकर्म से आनन्दित नहीं होता, परन्तु सत्य से आनन्दित होता है। वह सब बातें सह लेता है, सब बातों की प्रतीति करता है, सब बातों की आशा रखता है, सब बातों में धीरज धरता है। प्रेम कभी टलता नहीं; भविष्यद्वाणियां हों, तो समाप्त हो जाएंगी, भाषाएं हो तो जाती रहेंगी; ज्ञान हो, तो मिट जाएगा। "

फ़ीलीयो(Phileo)

ग्रीक में फ़ीलीयो(Phileo) का अर्थ है "एक दोस्त होना" या "शौकीन" या "उसके लिए स्नेह" या "भाई का स्नेह"। यह दोस्ती का प्यार है।

रोमियों 12:10

“भाईचारे के प्रेम से एक दूसरे पर दया रखो; परस्पर आदर करने में एक दूसरे से बढ़ चलो।”

1 थिस्सलुनीकियों 4: 9

“किन्तु भाईचारे की प्रीति के विषय में यह अवश्य नहीं, कि मैं तुम्हारे पास कुछ लिखूं; क्योंकि आपस में प्रेम रखना तुम ने आप ही परमेश्वर से सीखा है।”

इब्रानियों 13: 1

“भाईचारे की प्रीति बनी रहे।”

शमौन पतरस क्या तू मुझ से प्रेम रखता है?

अगापे और फ़ीलो का अच्छा उदाहरण हम देखते हैं यूहन्ना **21: 15-17**“*भोजन करने के बाद यीशु ने शमौन पतरस से कहा, हे शमौन, यूहन्ना के पुत्र, क्या तू इन से बढ़कर मुझ से प्रेम रखता है? उस ने उस से कहा, हां प्रभु तू तो जानता है, कि मैं तुझ से प्रीति रखता हूं: उस ने उस से कहा, मेरे मेमनों को चरा। उस ने फिर दूसरी बार उस से कहा, हे शमौन यूहन्ना के पुत्र, क्या तू मुझ से प्रेम रखता है? उस ने उन से कहा, हां, प्रभु तू जानता है, कि मैं तुझ से प्रीति रखता हूं: उस ने उस से कहा, मेरी भेड़ों की रखवाली कर। उस ने तीसरी बार उस से कहा, हे शमौन, यूहन्ना के पुत्र, क्या तू मुझ से प्रीति रखता है? पतरस उदास हुआ, कि उस ने उसे तीसरी बार ऐसा कहा; कि क्या तू मुझ से प्रीति रखता है? और उस से कहा, हे प्रभु, तू तो सब कुछ जानता है: तू यह जानता है कि मैं तुझ से*

प्रीति रखता हूं: यीशु ने उस से कहा, मेरी भेड़ों को चरा।

यीशु के पुनरुत्थान के बाद लगातार प्रभु प्रकट होते थे और अपने चेलो के साथ समय बिताते थे । ऐसे ही एक समय के दौरान प्रभु ने पतरस से जो अभी अभी तीन बार प्रभु को अस्वीकार करने के अपराध से उबर रहा था, पूछते है, 'पतरस क्या तुम मुझसे प्यार करते हो?' किन्तु प्रभु यीशु का वास्तव में पूछने का मतलब यह था कि क्या पतरस तुम मुझसे आगापे (Agape) करते हो? और जवाब में पतरस कहता है, 'प्रभु आप जानते है कि मैं आपसे फ़ीलीयो (Phileo) करता हूं।' प्रभु फिर दूसरी बार पतरस से प्रश्न पूछते है, 'पतरस क्या तुम मुझसे आगापे (Agape) करते हो?' और जवाब में पतरस कहता है, 'प्रभु आप जानते है कि मैं आपसे फ़ीलीयो (Phileo) करता हूं'। अंत में प्रभु पतरस से पूछते है कि 'पतरस क्या तुम मुझसे फ़ीलीयो(Phileo) करते हो'? इस बार प्रभु यीशु आगापे(Agape) के जगह फ़ीलीयो(Phileo) का इस्तेमाल करते है जिसे पतरस अपने दिए गए दोनों जवाबों में इस्तेमाल करता है, और जवाब में पतरस कहता है, 'प्रभु आप जानते है कि मैं आपसे फ़ीलीयो (Phileo) करता हूं'। पतरस के लिए प्रभु यीशु एक भाई और सबसे अच्छे दोस्त थे और पतरस के जीवन में प्रभु के अलावा कोई प्रिय नहीं था। पतरस का प्रभु के साथ उसके संबंधों के बारे में निश्चित था और वह यह भी जानता था कि वह प्रभु के साथ आगापे(Agape) में नहीं हुआ है। जबकि आगापे(Agape) एक अधिक सार्वभौमिक रूप से समझा जाने वाला प्रेम है जो किसी व्यक्ति को स्वयं के काम से उत्पन नहीं होता है, मुझे लगता है कि प्रभु यीशु ने दो बार आगापे(Agape) का उपयोग इसलिए किया क्योंकि वो पतरस के प्यार को परखना चहेते थे। वह जानना चाहता था कि पतरस ने एक व्यक्ति और एक भाई के रूप में उसकी देखभाल की। प्रभु चाहता थे कि पतरस को यह पता चले कि सच्चा मेल-मिलाप दोनों तरफ़ के प्यार से बनता है।।

फ़ीलीयो से अगापे में परिपक्व

इसकी शुरुआत हमेशा फ़ीलीयो से होती है। हमें प्रभु यीशु को अपना सबसे अच्छा दोस्त और भाई बनाना है। क्योंकि प्रभु यीशु ने हमें अपना भाई और बहन का कहा है **इब्रानियों 2:11** "क्योंकि पवित्र करने वाला

और जो पवित्र किए जाते हैं, सब एक ही मूल से हैं: इसी कारण वह उन्हें भाई कहने से नहीं लजाता। ”

एक व्यक्ति को दोनो प्रेम चाहिए , फ़ीलीयो और साथ ही एगैप। शुरुआत फ़ीलीयो से होनी चाहिए और फिर आगापे में परिपक्व होनी चाहिए। एक व्यक्ति केवल पवित्र आत्मा के माध्यम से ही आगापे प्रेम कर सकता है। क्योंकि पवित्र आत्मा के फल का पहला फल जो प्रेम है वो दरअसल आगापे है। **गलतियों 5: 22-23**"*पर आत्मा का फल प्रेम, आनन्द, मेल, धीरज, और कृपा, भलाई, विश्वास, नम्रता, और संयम हैं; ऐसे ऐसे कामों के विरोध में कोई भी व्यवस्था नहीं।"।* परमेश्वर जानता है कि मनुष्य किसी भी प्राकृतिक तरीके से आगापे प्रेम तक नहीं जा सकता है, इसीलिए वह हमें आत्मा का फल देकर इसे अलौकिक तरीके से पूरा करना चाहते है इस कारण उन्होंने पवित्र आत्मा को भेजा है।

हम परस्पर-निर्भरता प्रार्थना में देखते हैं। यूहन्ना 15: 4 "तुम मुझ में बने रहो, और मैं तुम में"। हमारे उन्मे बने रहने से उसके तीन अनुभव होते हैं। ये तीन अनुभव हैं (1) प्रकाशित(illumination) (2) आध्यात्मिक परिवहन (Spritual transportation) और (3) क़ब्ज़ा (Possession)।

(1) प्रकाशित (illumination)

प्रकाशन में, पवित्र आत्मा हमारी आँखें खोलते है ताकि हम स्वर्गीय रहस्यों को जान सकें। तीन प्रकार की प्रकाशन होती है, पहला शास्त्र प्रकाशन, दूसरा व्यक्तिगत प्रकाशन और तीसरा है सेवकाई प्रकाशन।

शास्त्र प्रकाशन(Scriptural illumination)

शास्त्र प्रकाशन(Scriptural illumination) में पवित्र आत्मा हमें शास्त्रों के आध्यात्मिक संदेश को समझने और लागू करने में सक्षम बनाता है। यूहन्ना 16: 13-14 “परन्तु जब वह अर्थात सत्य का आत्मा आएगा, तो तुम्हें सब सत्य का मार्ग बताएगा, क्योंकि वह अपनी ओर से न कहेगा, परन्तु जो कुछ सुनेगा, वही कहेगा, और आनेवाली बातें तुम्हें बताएगा। वह मेरी महिमा करेगा, क्योंकि वह मेरी बातों में से लेकर तुम्हें बताएगा। ”। हमें यह समझने की ज़रूरत है कि पवित्र आत्मा हमारे अंदर बसता है और हमें परमेश्वर की सच्चाई को समझने में मदद

करता है। केवल परमेश्वर ही हमारे आँखों को उनके वचन की अद्भुत चीजों को देखने के लिए खोल सकते है। हमें शास्त्र प्रकाशन(Scriptural illumination) की आवश्यकता है, जैसे कि कैसरिया फिलिप्पी में पतरस को दिया गया (मत्ती 16: 13-18)। पवित्र आत्मा के बिना, शास्त्र प्रकाशन(Scriptural illumination) संभव नहीं है। जब मैं सेवकाई में आया तो मैं अपने बिसवां दशा में बहुत ही युवा अवस्था में था और मुझे नहीं पता कि कैसे प्रचार करना है। मैं लंबे समय तक बाइबल पढ़ता था लेकिन थोड़ा भी समझ नही पाता था। मेरे उपदेश बिल्कुल भी प्रभावी नहीं थे । लेकिन कुछ गहरा मेरे अंदर मुझसे यह कह रहा था कि मुझे इसके लिए कुछ करना है। हमारे शहर में एक प्रसिद्ध प्रचारक रहते थे लेकिन उनके बारे में मेरे जानने के बहुत पहले ही वे मर चुके थे पर उनका बेटा मेरे शहर में रहते थे। मैंने उनके घर को ढूंढा और अंत में उनके बेटे से मिलकर मैन पूछा, 'आपके पिता ने ऐसा क्या किया था जो उन्हें एक असाधारण उपदेशक या प्रचारक बना दिया? उस उपदेशक के बेटे ने कहा कि 'मुझे नहीं पता, लेकिन वह हमेशा कहते थे कि उनका बाइबिल कॉलेज उनका घुटना है और उनका प्राध्यापक (प्रोफेसर) पवित्र आत्मा है । यह सुनने के बाद कुछ प्रबल मेरी रगों में दौड़ गया और मुझे बढ़ावा मिला। मैंने अपने आप में सब नया महसूस किया। मैंने तब निश्चय किया कि मैं पूरी रात प्रार्थना करूंगा जब तक कि मैं सच्चे शिक्षक पवित्र आत्मा से न सीख लूं। प्रभु यीशु कहते है, यूहन्ना 14:26 "परन्तु सहायक अर्थात पवित्र आत्मा जिसे पिता मेरे नाम से भेजेगा, वह तुम्हें सब बातें सिखाएगा, और जो कुछ मैं ने तुम से कहा है, वह सब तुम्हें स्मरण कराएगा।"

व्यक्तिगत प्रकाशन(personal illumination)

शास्त्र प्रकाशन के समान, पवित्र आत्मा व्यक्तिगत प्रकाशन(personal illumination) में भी मदद करता है। सीधे शब्दों में कहें, तो आध्यात्मिक अर्थ में प्रकाशन "प्रकाश को चालू करना" है। आध्यात्मिक प्रकाशन का स्रोत पिता है, माध्यम पवित्र आत्मा है। यदि हम पिता से प्रभु यीशु के नाम से पूछते हैं, तो वे हमारे आँखें खोलकर हमें आध्यात्मिक चीजें दिखाते हैं और हमें पवित्र आत्मा के माध्यम से उन

विषयों को प्रकट करवाते है जो हम नहीं जानते हैं । **यिर्मयाह 33:3** "मुझ से प्रार्थना कर और मैं तेरी सुन कर तुझे बढ़ी-बड़ी और कठिन बातें बताऊंगा जिन्हें तू अभी नहीं समझता।" व्यक्तिगत प्रकाशन(personal illumination) अधिक व्यक्तिगत ज्ञान है। मैंने न केवल शास्त्रों को देखा है, बल्कि पवित्र आत्मा हमें कुछ भी सिखाने में सक्षम है। मैंने अपनी पहली कार खरीदी, लेकिन मुझे नहीं पता कि मैं कैसे ड्राइव करूं। मैंने अपनी नई कार को शोरूम से अपने घर लाने के लिए एक ड्राइवर को काम पर रखा और अपने घर के सामने पार्क किया। उस पूरी रात मैंने प्रार्थना किया और परमेश्वर से मुझे कार चलाने के लिए ज्ञान माँगा। पवित्र आत्मा ने मुझे आत्मा में दिखाया कि कैसे एक कार शुरू करें और क्लच और ब्रेक लागू करें और गियर का उपयोग करें। यह सुबह 4 बजे का समय था और मैं प्रार्थना से उठा और अपनी कार में गया और पवित्र आत्मा द्वारा मुझे दिए गए निर्देशों का पालन करते हुए मैंने अपनी कार चलाना शुरू कर दिया। यह व्यक्तिगत प्रकाशन(personal illumination) है जो प्रार्थना और अंतरंगता का परिणाम है। अपने कॉलेज के दिनों में मैं अपनी परीक्षाओं से पहले उपवास और प्रार्थना किया करता था और पवित्र आत्मा मुझे परीक्षा हॉल में उपस्थित होने से पहले सपने में प्रश्न पत्र प्रदान कर देते थे। पवित्र आत्मा की मदद से हम अपने जीवन में कई बड़े कामों को पूरा कर सकते हैं। जब हम परमेश्वर के क़रीब जाते है, वह हमारे उपहारों को प्रकट करेगा; जिन प्रतिभाओं को हमें दूसरों की मदद करनी है, और अपने लक्ष्य को पूरा करना है। कोई फर्क नहीं पड़ता कि वह हमें क्या करने के लिए बुलाये है, वह हमें हमारे लक्ष्य को पूरा करने के लिए सुसज्जित करते है।

सेवकाई प्रकाशन(Ministry illumination)

याद रखें कि आप कभी अकेले नहीं हैं, पवित्र आत्मा आपकी सहायता करने के लिए आप में बसता है। दाऊद यह जानता था और उसने परमेश्वर से उनकी आत्मा के माध्यम से मदद की मांग करता है, ताकि वह उसे सही मार्गदर्शन दे। **भजन संहिता 143:10**"*मुझ को यह सिखा, कि मैं तेरी इच्छा क्योंकर पूरी करूं, क्योंकि मेरा परमेश्वर तू ही है! तेरा भला आत्मा मुझ को धर्म के मार्ग में ले चले!* " जब हम प्रेरितों के कार्य

की पुस्तक पढ़ते हैं, तो वह सब कुछ जो प्रेरितों ने पूरा किये, पवित्र आत्मा की मदद से किये। पवित्र आत्मा हमें सेवकाई के बारे में प्रकाशन देता है, जैसे कि कहाँ जाना है, किस तक पहुँचना है और क्या प्रचार करना है।

पतरस का प्रकाशन

दो पहर के निकट पतरस कोठे पर प्रार्थना करने चढ़ा। और उसे भूख लगी, और कुछ खाना चाहता था; परन्तु जब वे तैयार कर रहे थे, तो वह बेसुध हो गया। और उस ने देखा, कि आकाश खुल गया; और एक पात्र बड़ी चादर के समान चारों कोनों से लटकता हुआ, पृथ्वी की ओर उतर रहा है। जिस में पृथ्वी के सब प्रकार के चौपाए और रेंगने वाले जन्तु और आकाश के पक्षी थे।और उसे एक ऐसा शब्द सुनाईं दिया, कि हे पतरस उठ, मार के खा। परन्तु पतरस ने कहा, नहीं प्रभु, कदापि नहीं; क्योंकि मैं ने कभी कोई अपवित्र या अशुद्ध वस्तु नहीं खाई है। फिर दूसरी बार उसे शब्द सुनाईं दिया, कि जो कुछ परमेश्वर ने शुद्ध ठहराया है, उसे तू अशुद्ध मत कह। तीन बार ऐसा ही हुआ; तब तुरन्त वह पात्र आकाश पर उठा लिया गया॥ जब पतरस अपने मन में दुविधा कर रहा था, कि यह दर्शन जो मैं ने देखा क्या है, तो देखो, वे मनुष्य जिन्हें कुरनेलियुस ने भेजा था, शमौन के घर का पता लगाकर डेवढ़ी पर आ खड़े हुए। और पुकारकर पूछने लगे, क्या शमौन जो पतरस कहलाता है, यहीं पाहुन है पतरस जो उस दर्शन पर सोच ही रहा था, कि आत्मा ने उस से कहा, देख, तीन मनुष्य तेरी खोज में हैं। सो उठकर नीचे जा, और बेखटके उन के साथ हो ले; क्योंकि मैं ही ने उन्हें भेजा है। ” यदि पवित्र आत्मा पतरस के सामने प्रकट नहीं हुआ होता, तो सुसमाचार का पहला उपदेश कुरनेलियुस को नहीं दिया गया होता।

फिलिप्पुस का प्रकाशन

फिर प्रभु के एक स्वर्गदूत ने फिलिप्पुस से कहा; उठकर दक्खिन की ओर उस मार्ग पर जा, जो यरूशलेम से अज्ज़ाह को जाता है, और जंगल में है। वह उठकर चल दिया, और देखो, कूश देश का एक मनुष्य आ रहा था जो खोजा और कूशियों की रानी कन्दाके का मन्त्री और खजांची था, और भजन करने को यरूशलेम आया था। और वह अपने रथ पर बैठा

हुआ था, और यशायाह भविष्यद्वक्ता की पुस्तक पढ़ता हुआ लौटा जा रहा था। तब आत्मा ने फिलेप्पुस से कहा, निकट जाकर इस रथ के साथ हो ले। फिलेप्पुस ने उस ओर दौड़ कर उसे यशायाह भविष्यद्वक्ता की पुस्तक पढ़ते हुए सुना, और पूछा, कि तू जो पढ़ रहा है क्या उसे समझता भी है? उस ने कहा, जब तक कोई मुझे न समझाए तो मैं क्योंकर समझूं और उस ने फिलिप्पुस से बिनती की, कि चढ़कर मेरे पास बैठ। पवित्र शास्त्र का जो अध्याय वह पढ़ रहा था, वह यह था; कि वह भेड़ की नाईं वध होने को पहुंचाया गया, और जैसा मेम्ना अपने ऊन कतरने वालों के साम्हने चुपचाप रहता है, वैसे ही उस ने भी अपना मुंह न खोला। उस की दीनता में उसका न्याय होने नहीं पाया, और उसके समय के लोगों का वर्णन कौन करेगा, क्योंकि पृथ्वी से उसका प्राण उठाया जाता है। इस पर खोजे ने फिलेप्पुस से पूछा; मैं तुझ से बिनती करता हूं, यह बता कि भविष्यद्वक्ता यह किस विषय में कहता है, अपने या किसी दूसरे के विषय में। तब फिलिप्पुस ने अपना मुंह खोला, और इसी शास्त्र से आरम्भ करके उसे यीशु का सुसमाचार सुनाया। मार्ग में चलते चलते वे किसी जल की जगह पहुंचे, तब खोजे ने कहा, देख यहां जल है, अब मुझे बपतिस्मा लेने में क्या रोक है। फिलिप्पुस ने कहा, यदि तू सारे मन से विश्वास करता है तो हो सकता है: उस ने उत्तर दिया मैं विश्वास करता हूं कि यीशु मसीह परमेश्वर का पुत्र है। तब उस ने रथ खड़ा करने की आज्ञा दी, और फिलेप्पुस और खोजा दोनों जल में उतर पड़े, और उस ने उसे बपतिस्मा दिया। जब वे जल में से निकलकर ऊपर आए, तो प्रभु का आत्मा फिलिप्पुस को उठा ले गया, सो खोजे ने उसे फिर न देखा, और वह आनन्द करता हुआ अपने मार्ग चला गया। और फिलिप्पुस अशदोद में आ निकला, और जब तक कैसरिया में न पहुंचा, तब तक नगर नगर सुसमाचार सुनाता गया॥

2. आध्यात्मिक परिवहन (Spritual transportation)

एक भविष्यवाणी तरीका है जिसे परमेश्वर कहते है और अपने बच्चों को आध्यात्मिक चीजे दिखाते है, इसे आध्यात्मिक परिवहन (Spritual transportation) कहा जाता है। यह सूक्ष्म प्रक्षेपण (Astral projection) नहीं है क्योंकि सूक्ष्म प्रक्षेपण(Astral projection)

अभ्यास शैतानी है। प्राकृतिक प्रक्षेपण या सूक्ष्म प्रक्षेपण (Astral projection) चेतना से संबंधित है जबकि आध्यात्मिक परिवहन (Spritual transportation) आत्मा से संबंधित है जहां पवित्र आत्मा इस प्रक्रिया का संचालन करता है। आध्यात्मिक परिवहन (Spritual transportation) इसके बाइबल के अनुसार तीन अलग-अलग तरीके हैं ।

I) जब परमेश्वर आपकी आत्मा को स्थानांतरित करता है तो इसे अनुवाद कहा (translation) जाता है।

उत्पत्ति 5:24 "*और हनोक परमेश्वर के साथ साथ चलता था; फिर वह लोप हो गया क्योंकि परमेश्वर ने उसे उठा लिया।*" हनोक के इस अनुभव को अनुवाद (translation) कहा जाता है। हम पढ़ते हैं **इब्रानियों 11:5** "*विश्वास ही से हनोक उठा लिया गया, कि मृत्यु को न देखे, और उसका पता नहीं मिला; क्योंकि परमेश्वर ने उसे उठा लिया था, और उसके उठाए जाने से पहिले उस की यह गवाही दी गई थी, कि उस ने परमेश्वर को प्रसन्न किया है।*" अनुवाद (translation) में परमेश्वर उस व्यक्ति को शारीरिक रूप से दूर ले जाता है ताकि वे मृत्यु को न देख सकें। इसलिए वे अपने शरीर, आत्मा और मन के साथ चले जाते है। एक और अनुवाद (translation) जो हम बाइबल में देखते हैं, वह है **2 राजा 2:11**"*वे चलते चलते बातें कर रहे थे, कि अचानक एक अग्नि मय रथ और अग्निमय घोड़ों ने उन को अलग अलग किया, और एलिय्याह बवंडर में हो कर स्वर्ग पर चढ़ गया।* " एलिय्याह को पृथ्वी से हटा दिया गया था। लेखक का कहना है कि एलिजा को "स्वर्ग" में ले जाया गया था, लेकिन स्वर्ग के लिए हिब्रू शब्द 'शामायिम' है, जो तीन अलग-अलग अर्थों में से एक ले सकते है: आकाश, बाहरी स्थान या परमेश्वर का सिंहासन कक्ष। हम जानते हैं कि लेखक ने अपने दृष्टिकोण से एलिय्याह के प्रस्थान का वर्णन किया था, इसलिए लेखक केवल यह कह सकता था कि एलियाह को 'शामायिम' (यानी आकाश) में ले जाया गया था। एलिय्याह के अंतिम गंतव्य के बारे में अधिक कुछ भी नहीं माना जा सकता है। इसलिए, दोनों मामलों में, हम इन अंशों से यह नहीं कह सकते हैं कि ये लोग शारीरिक रूप में परमेश्वर की उपस्थिति में प्रवेश किए

हैं। दूसरी ओर, शास्त्र यह निश्चित रूप से कहता है कि कोई भी व्यक्ति मसीह से पहले स्वर्ग में प्रवेश नहीं किया है। **यूहन्ना 3:13** "और कोई स्वर्ग पर नहीं चढ़ा, केवल वही जो स्वर्ग से उतरा, अर्थात मनुष्य का पुत्र जो स्वर्ग में है।" इसके अलावा, पौलुस कहते हैं कि मसीह पुनरुत्थान का पहला फल है **(1 कुरिन्थियों 15:23)**, जिसका अर्थ है कि वह शारीरिक रूप से स्वर्ग में प्रवेश करने वाला पहला व्यक्ति था। बाइबल स्पष्ट रूप से कहती है "कोई भी मनुष्य" मसीह से पहले स्वर्ग नहीं गया। इसके अलावा, एक मनुष्य का स्वर्ग में मसीह से पहले होना धार्मिक रूप से असंभव है। मसीह ने कहा कि कोई भी मनुष्य पिता के पास नहीं पहुंच सकता, सिवाय उसके द्वारा। सेंट ग्रेगरी द डायलोगिस्ट एक अधिक भयावह छवि देता है। वह उस जगह का वर्णन करता है जहाँ पर भविष्यवक्ता एलिय्याह रहता: "एलिय्याह को स्वर्ग में पकड़ा गया था, लेकिन यह हवाई स्वर्ग है, जो कि स्वर्ग से अलग है... इसलिए उसे पृथ्वी के एक गुप्त क्षेत्र में नियुक्त किया गया था, जहाँ वह निवास करने के लिए लड़ा था। शारीरिक और आध्यात्मिक शांति में, दुनिया के अंत तक, वह फिर से मृत्यु के ऋण का भुगतान करने के लिए पृथ्वी पर दिखाई देगा। इस विषय पर कई सिद्धांत हैं, लेकिन यह स्पष्ट है कि अनुवाद की प्रक्रिया एलिय्याह के जीवन में हुई और परमेश्वर ने यह परिक्रमा की।

2) जब परमेश्वर आपके भौतिक शरीर को स्थानांतरित कर रहा है तो इसे हरपाज़ो (Harpazo) कहा जाता है।

हम हरपाज़ो(Harpazo) को फिलिप्पुस के मामले में देखते है **प्रेरितों के काम 8: 39-40**"*जब वे जल में से निकलकर ऊपर आए, तो प्रभु का आत्मा फिलिप्पुस को उठा ले गया, सो खोजे ने उसे फिर न देखा, और वह आनन्द करता हुआ अपने मार्ग चला गया। और फिलिप्पुस अशदोद में आ निकला, और जब तक कैसरिया में न पहुंचा, तब तक नगर नगर सुसमाचार सुनाता गया॥* " हरपाज़ो मतलब जब्त करना है ।सुसमाचार प्रचार करने और बपतिस्मा देने के बाद फिलिप्पुस इथियोपिया के खोजा के पास से एक अलग स्थान पर चला गया। इस अनुभव को हरपाज़ो(Harpazo) कहा जाता है जो फिलिप्पुस के साथ हुआ वो एक

स्थान से दूसरे स्थान पवित्र आत्मा के द्वारा चला गया। प्रेरित पौलूस के जीवन में भी हम हरपाज़ो(Harpazo) का अनुभव देखते है **2 कुरिन्थियों 12:2** *"मैं मसीह में एक मनुष्य को जानता हूं, चौदह वर्ष हुए कि न जाने देह सहित, न जाने देह रहित, परमेश्वर जानता है, ऐसा मनुष्य तीसरे स्वर्ग तक उठा लिया गया।"* पौलुस तीसरे स्वर्ग तक ले जाने के बारे में संदिग्ध नहीं था। वह उस बारे में निश्चित था **(2 कुरिन्थियों 12: 2,4)**, क्या वह शरीर में था या उससे बाहर था यह संदिग्ध था **(2 कुरिन्थियों 12: 2-3)**। हमें यह समझने की जरूरत है कि पवित्र आत्मा यह अनुभव प्रदान करता है और जब कोई प्रार्थना में परमेश्वर के करीब और करीब आता है तो ऐसे अनुभव सामान्य हो जाते हैं। इस अनुभव के बारे में मेरे जीवन में ऐसे कई प्रमाण हैं। एक बार जब मैं टेक्सास, यू.एस.ए में था तो मुझे प्रार्थना के लिए एक दम्पति ने अपने घर बुलाया था। रात होने से पहले मैं प्रार्थना कर रहा था और पवित्र आत्मा ने मुझे आत्मा में उनका घर ले गया और मैंने उनके घर में कुछ श्रापित वस्तुओं को देखा जिनके बारे में उन्हें जानकारी नहीं थी। मैं अगले दिन गया और उनके साथ उनके घर के ब्लूप्रिंट के बारे में और उनके बेडरूम में उन श्रापित वस्तुओं के बारे में जब मैंने उन्हें बताया तो यह उस जोड़े(दम्पत्ति) को चकित किया । लेकिन यह केवल पवित्र आत्मा की सहायता से संभव था क्योंकि कोई भी व्यक्ति पवित्र आत्मा के हस्तक्षेप के बिना इस तरह के अलौकिक अनुभव को पा सकता है।

3) जब परमेश्वर आपके शरीर या आत्मा को स्वर्गीय लोकों में ले जा रहा है, तो उसे पकड़ लेना (caught up) कहा जाता है।

यहेजकेल 8:3 *"उसने हाथ सा कुछ बढ़ा कर मेरे सिर के बाल पकड़े; तब आत्मा ने मुझे पृथ्वी और आकाश के बीच में उठा कर परमेश्वर के दिखाए हुए दर्शनों में यरूशलेम के मन्दिर के भीतर, आंगन के उस फाटक के पास पहुचा दिया जिसका मुंह उत्तर की ओर है; और जिस में उस जलन उपजाने वाली प्रतिमा का स्थान था जिसके कारण द्वेष उपजता है।"* यहेजकेल को वर्तमान और भविष्य में ले जाया गया। वह आत्मा में और मांस में उठा लिया गया था। अवेकनिंग दा प्रॉफेट इन यु(Awakening the Prophet in You), किताब के लेखक अब्राहम

पीटर्स कहते हैं कि शरीर से आत्मा बाहर निकलने का वचन के अनुसार है! परमेश्वर आज भी हमसे बात करने के लिए इस प्रकार के अलौकिक मुठभेड़ों का उपयोग करता है। हालांकि हम इस प्रकार के अनुभव नहीं कर सकते हैं, हम सिर्फ़ संदेह और अविश्वास को दूर करके अपने आप को उस स्थिति में ला सकते हैं और अपने आप को उपलब्ध कर सकते हैं। अगर हम केवल विश्वास करेंगे, तो सभी चीजें संभव हैं। " भविष्यवक्ता को आत्मा द्वारा ले जाया गया, पहुँचाया या पकड़ा गया। यह एक भविष्यवाणिय मुठभेड़ है जिसका उपयोग परमेश्वर आपके लिए विशिष्ट जीवन-परिवर्तनशील चीजों को प्रकट करने के लिए करता है। बाइबल में ऐसे समय हैं कि भविष्यवक्ताओं को परमेश्वर की आत्मा द्वारा दर्शन और अलौकिक मुठभेड़ों में ले जाया गया या उनका अनुवाद किया गया। आपको परमेश्वर से इस तरह के अनुभवों पर ले जाने के लिए कहने की आवश्यकता नहीं है, लेकिन मैं दृढ़ता से विश्वास करता हूं कि जब आप प्रार्थना करते हैं और उसकी तलाश करते हैं तो वह ऐसी व्यवस्था करेंगें ताकि आप उनमें विकसित हो सके। मैं परमेश्वर से कभी इस तरह के अनुभव देने के लिए नहीं कहता। मैं बस अपने हिस्से का पालन करता हूं जो प्रार्थना है। मैं अपना ज्यादातर समय प्रार्थना में बिताता हूं और ये मुठभेड़ और अनुभव अपने आप हो जाते है।

(3) क़ब्ज़ा (Possession)

यूहन्ना 16:23 - 24"*उस दिन तुम मुझ से कुछ न पूछोगे: मैं तुम से सच सच कहता हूं, यदि पिता से कुछ मांगोगे, तो वह मेरे नाम से तुम्हें देगा। अब तक तुम ने मेरे नाम से कुछ नहीं मांगा; मांगो तो पाओगे ताकि तुम्हारा आनन्द पूरा हो जाए॥*" परमेश्वर एक ऐसा परमेश्वर है जो हमारी प्रार्थना का जवाब देता है। अगर वह ऐसा नहीं होता तो उसने ऐसा करने के लिए नहीं कहा होता। एक प्रार्थना के माध्यम से कई चीजों का क़ब्ज़ा (Possession) हो सकता है। बाइबल बताती है कि स्वर्ग में रहनेवाले सभी आध्यात्मिक आशीर्वाद हमें दिए गए हैं, **इफिसियों 1: 3** "हमारे प्रभु यीशु मसीह के परमेश्वर और पिता का धन्यवाद हो, कि उस ने हमें मसीह में स्वर्गीय स्थानों में सब प्रकार की आशीष दी है। " इसलिए यह स्पष्ट है कि हमारे पास स्वर्ग में प्रदान की गई हमारी संपत्ति

है, अब हमें इसे पृथ्वी पर लाना होगा और यह प्रार्थना और विश्वास के अभ्यास से संभव हो सकता है। प्रार्थना और विश्वास क्या करता है यह आध्यात्मिक क्षेत्र से भौतिक क्षेत्र में हमारी संपत्ति लाता है। मैं अपने घर के लिए प्रार्थना कर रहा था। पहली बात जो मैंने की वह यह था परमेश्वर के सभी वाचाओं पर मैंने विश्वास किया। दूसरी मैंने अपने घर का एक चित्र खींचा जिसमें मेरे नए घर का आंतरिक और बाहरी भाग कैसा दिखना चाहिए वैसा मैंने बनाया। अब मेरे पास बाइबल से वादे और घर का चित्र है अब तीसरी और अंतिम चीज़ जो बची हुई थी, वह यह है कि मुझे प्रार्थना करने की ज़रूरत थी। मैंने प्रार्थना करना शुरू किया और सात साल बाद परमेश्वर ने मुझे वैसा ही घर दिया जिस तरह से मैंने चित्र बनाया। वही मैंने अपने कार के साथ भी किया, मैंने मनचाही कार के इंटरनेट से एक तस्वीर डाउनलोड की और इस पर प्रार्थना किया और परमेश्वर ने मुझे वैसे ही कार दिया जिसका तस्वीर मैंने डाउनलोड करके प्रार्थना किया। इसी तरह मैंने अपनी पत्नी के लिए प्रार्थना की। मैंने अपने जीवनसाथी की विशेषताओं के बारे में एक कागज़ पर लिखा और मैंने एक साल तक प्रार्थना किया और मुझे जो पत्नी चाहिए थी, परमेश्वर ने वैसा ही दिया।

मैंने देखा है कि कई अच्छे मसीहियों ने प्रार्थना करना छोड़ दिया है क्योंकि उन्होंने प्रकाशित(Illumination) आध्यात्मिक परिवहन (Spritual transportation) और क़ब्ज़ा (Possession) का अनुभव नहीं किया है। ये तीन चीजें हमारे प्रार्थना जीवन को बढ़ाती हैं। तो प्रार्थना अन्योन्याश्रित(परस्पर-निर्भरता) है। अगर आप परमेश्वर में बसते हैं तो परमेश्वर आप में बसते हैं। जब परमेश्वर हम में बसता है तो हम निश्चित रूप से उनके अलौकिक पहलू का अनुभव करेंगे। क्योंकि परमेश्वर एक अलौकिक परमेश्वर है, यह हमें नहीं भूलना चाहिए। इसलिए यह आश्चर्य की बात नहीं है कि हमारे जीवन में उनका सहज स्वभाव अनुभवी और दृश्यमान होगा। लेकिन एक को खुले दिमाग का होना चाहिए और उस पर विश्वास करना होगा।

2

सभी प्रकार की प्रार्थनाएँ

फिसियों 6:18"*और हर समय और हर प्रकार से आत्मा में प्रार्थना, और विनती करते रहो, और इसी लिये जागते रहो, कि सब पवित्र लोगों के लिये लगातार विनती किया करो।*"

बाइबल कहती है, "प्रार्थना के सभी प्रकार", जब हम प्रार्थना के बारे में बात करते हैं, क्योंकि कुछ श्रेणियों को समझने की आवश्यकता है, जैसे: **(1)** प्रार्थना **(2)** याचिका **(3)** विनती **(4)** मध्यस्थता **(5)** प्रशंसा **(6)** धन्यवाद **(7)** उपासना **(8)** घोषणा।

(1) प्रार्थना

प्रार्थना मौखिक संचार है। आइए देखें कि परमेश्वर का राज्य कैसे संचालित होता है। परमेश्वर के राज्य या आध्यात्मिक क्षेत्र में संचालन का उपकरण शब्द या मौखिक संचार है। परमेश्वर ने अपने वचन से पूरी दुनिया को बनाया क्योंकि शब्द एक बहुत शक्तिशाली स्रोत हैं। जब परमेश्वर ने दुनिया बनाने का फैसला किया तो वे बोले और पृथ्वी और उसमे के समस्त चीजों का निर्माण हुआ। जब परमेश्वर बोले तब चीजें अस्तित्व में आईं। यदि परमेश्वर नहीं बोलते तो जो कुछ भी हम देखते हैं वह अस्तित्व में नहीं आता। कोई सूरज, चाँद, तारे, पौधे, पशु, पक्षी, कुछ भी नहीं बना होता। परमेश्वर ने इन सभी को बनाने के लिए जिस

स्रोत का उपयोग किया था वह एक बोला गया शब्द था। अगर परमेश्वर बोले गए शब्द से सारी सृष्टि की तो हम जो उनके बच्चे है हमारे शब्द में भी समर्थ है। मत्ती **4:4**"*उस ने उत्तर दिया; कि लिखा है कि मनुष्य केवल रोटी ही से नहीं, परन्तु हर एक वचन से जो परमेश्वर के मुख से निकलता है जीवित रहेगा*"। तो परमेश्वर के शब्द जीवित हैं और इसी तरह हमारे शब्द भी। जब शैतान को परमेश्वर की मौजूदगी से बाहर निकाला गया तो वह स्वर्ग के स्वर्गदूतों के साथ पृथ्वी पर गिरा, यशायाह **14:12**"*हे भोर के चमकने वाले तारे तू क्योंकर आकाश से गिर पड़ा है? तू जो जाति जाति को हरा देता था, तू अब कैसे काट कर भूमि पर गिराया गया है?*" हालाँकि शैतान पृथ्वी पर गिर गया था और उसके पास एक सेना थी लेकिन उसके पास पृथ्वी पर कोई अधिकार और प्रभुत्व नहीं था। शक्ति प्राप्त करने के लिए उसे प्राप्त करने की आवश्यकता है या किसी को उसे स्वेच्छा से देना होगा। शासन करने के लिए एक अधिकार और प्रभुत्व होना चाहिए और शैतानी उनके पास नहीं थी; वह केवल अपनी सेना के साथ पृथ्वी पर घूम रहा था। जब परमेश्वर ने आदम और हव्वा को बनाया तो परमेश्वर ने उन्हें अधिकार और प्रभुत्व दिया उत्पत्ति **1:28**"*और परमेश्वर ने उन को आशीष दी: और उन से कहा, फूलो-फलो, और पृथ्वी में भर जाओ, और उसको अपने वश में कर लो; और समुद्र की मछलियों, तथा आकाश के पक्षियों, और पृथ्वी पर रेंगने वाले सब जन्तुओ पर अधिकार रखो।*" हम यहाँ देखते हैं कि परमेश्वर ने आदम और हव्वा को अधिकार देते समेत कोई लिखित दस्तावेज नहीं दिया था जैसा वास्तविक दुनिया में होता है, लेकिन जब परमेश्वर ने कहा "पृथ्वी को अपने वश में करो" तो तुरंत अदम और हवा के जीवन में अधिकार आया। परमेश्वर के राज्य में अधिकार शब्दों का होता है । अब, यह अधिकार और प्रभुत्व आदम और हव्वा के पास था, और शैतान ने आदम और हव्वा से अधिकार लेने के लिए धोखे की योजना बनाई। और शैतान ने बहुत चतुराई से हव्वा को धोखा दिया और उसे वही करने दिया जो परमेश्वर ने मना किया है। अगर मैं कहता हूं कि एक आदमी को खड़ा होने के लिए और वह आदमी खड़ा होता है तो इसका मतलब है कि उस आदमी ने मेरे आदेश पर ध्यान दिया है और न केवल यह बल्कि इसका

मतलब यह भी है कि उस आदमी ने मेरे शब्द पर खुद को आत्मसमर्पण किया है और इसी प्रकार जब हव्वा ने शैतान का आदेश का पालन किया तो हव्वा ने अपना अधिकार शब्दों के माध्यम से शैतान को दे दिया, हव्वा न केवल परमेश्वर की अवज्ञा की, बल्कि आत्मसमर्पण कर दिया और अपने ईश्वर प्रदत्त अधिकार और प्रभुत्व को हस्तांतरित कर दिया। फल खाना मनुष्य के पतन का कारण नहीं था, लेकिन परमेश्वर की आज्ञा की अवज्ञा करना और शैतान की आज्ञा का पालन करना पाप था। यह सब मौखिक और मौखिक रूप से केवल शब्दों के द्वारा किया गया था। हमारे शब्दों के माध्यम से, हम अपने अधिकार को साझा कर सकते हैं और एक बुरी आत्मा को आमंत्रित या बाहर निकाल सकते हैं। ऐसी महत्वपूर्ण भूमिका हमारे शब्द हमारे दैनिक जीवन में निभाते हैं।

सभी प्रकार की प्रार्थनाओं में शब्द या मुखर अभिव्यक्ति शामिल होती है। अपने शब्दों से, हम परमेश्वर से और आध्यात्मिक क्षेत्र से संवाद करते हैं। हमें अपने शब्दों का उपयोग करने के लिए आमंत्रित करने और विरोध करने का अधिकार दिया जाता है। तो प्रार्थना का कोई भी रूप परमेश्वर के साथ संचार है।

(2) याचिका

याचिका शब्द "एक विशेष अधिकार या अनुग्रह के लिए एक सार्वभौम को संबोधित एक औपचारिक लिखित अनुरोध है।" इसलिए याचिका की परिभाषा एक अनुरोध करना है। जब प्रेरित पौलुस फिलिप्पियों के कलीसिया को पत्र लिखते है तो इस शब्द का उल्लेख करते है, **फिलिप्पियों 4:6** *"किसी भी बात की चिन्ता मत करोः परन्तु हर एक बात में तुम्हारे निवेदन, प्रार्थना और विनती के द्वारा धन्यवाद के साथ परमेश्वर के सम्मुख उपस्थित किए जाएं।"*

याचिका का एक बहुत ही अच्छा उदाहरण हम राजा हिजकिय्याह के जीवन में देखते है । हिजकिय्याह यहूदा के राजा के रूप में सिंहासन पर चढ़े और 25 साल की उम्र में सन 716/715 ईसा पूर्व में अपना एकमात्र शासनकाल शुरू किये , 29 साल तक राज्य किये और सन 687 ईसा पूर्व में मर गए । वह यहूदा के "धर्मी और न्यायप्रिय" राजाओं में से एक था, जो अपने शासनकाल के दौरान कई सुधार लाए थे। उन्हें एक ऐसे

व्यक्ति के रूप में जाना जाता था, जो "प्रभु में भरोसा करते थे", "उपवास रखते थे" परमेश्वर का अनुसरण करते थे, इसका परिणाम यह था कि प्रभु उनके साथ थे और उन्हें विजय देते थे। उनके कुछ धार्मिक सुधारों में शामिल है: राष्ट्रीय फसह का पर्व का घोषणा करना **(2 इतिहास 29: 5-11)**। मंदिर को फिर से खोलना, जिसे उसके पिता ने बंद कर दिया था, उसकी मरम्मत करना, और उसकी सेवाओं, याजकों और लेवियों का पुनर्गठन करना **(2 इतिहास 31: 11-21)**। मूर्ति पूजा का विरोध करना, **(2 इतिहास 30:14)** ऊंचे स्थान गिरा दिए जहाँ बाल का पूजा होता था, लाठों को तोड़ दिया, अशेरा को काट डाला और पीतल का सांप जिसे मूसा ने बनाया था उसको उसने इस कारण चूर चूर कर दिया जो पूजा की वस्तु बन गए थे **(2 राजाओं 18: 4)**।

अश्शूरियों ने यहूदा के उत्तर और पश्चिम में देशों को नियंत्रित किया। पिछले असीरियन राजाओं ने सामरिया के उत्तरी साम्राज्य पर हमला किया था - तिग्लथ पाइलसर III (745-727 ईसा पूर्व), शल्मनेज़र वी (727-722 ईसा पूर्व), और सरगोन II (722-705 ईसा पूर्व)। सामरिया आखिरकार 722 ईसा पूर्व में गिर गया और उत्तरी राज्य का अस्तित्व समाप्त हो गया **(2 राजा 17: 3-6; 18: 9-12)**। अश्शूर के राजाओं ने भी यहूदा के पश्चिम में पलिश्ती शहरों पर विजय प्राप्त की और हिजकिय्याह के पिता को श्रद्धांजलि दी। अंत में, यहूदा को अश्शूरियों द्वारा जब्त कर लिया गया था, और यरूशलेम को घेर लिया गया था और हिजकिय्याह को अपने विद्रोह को स्वीकार करने और घेराबंदी करने के लिए एक बड़ी श्रद्धांजलि देने के लिए मजबूर किया गया था।

लेकिन अश्शूरियों ने इसके बाद सोच कि उन्होंने यरूशलेम को बग़ैर हत्याए छोड़ना उनका एक गलती है और वे फिर से यरूशलेम को वापस पाना चाहते थे । दक्षिण से कुछ मील की दूरी पर स्थित सन्हेरीब ने अपने क्षेत्र के सेनापति रबशाके को एक बड़ी सेना के साथ फिर से यरूशलेम भेजा। उसने हिजकिय्याह को धमकाया और धमकाया और इस्राएल के लोगों के सामने परमेश्वर का अपमान किया। तब असीरियन राजा से हिजकिय्याह के पास एक पत्र आया जिसमें उसने यरूशलेम को समर्पण करने की माँग की। हिजकिय्याह ने दूतों से पत्र लिया, उसे पढ़ा, और

मंदिर में गया और प्रभु के सामने उसका प्रसार किया। फिर उसने प्रभु से एक प्रार्थना की। यशायाह भविष्यद्वक्ता के द्वारा परमेश्वर ने यह संदेश हिजकिय्याह को भेजा: "इस्राएल का परमेश्वर कहता है, मैंने तुम्हें सुना है! हिजकिय्याह की याचिका का जवाब में परमेश्वर ने रात में अपने दूत को भेजा 185,000 अश्शूरियों सैनिकों की हत्या कर दिया, और सुबह सभी शवों को पूरे परिदृश्य में देखा गया था। तब राजा सन्हेरीब नीनवे में लौट आया; और जब वह अपने देवता निस्त्रोच के मंदिर में पूजा कर रहा था, उसके पुत्रों एड्रामेलेच और शेयरजर ने उसे मार डाला।

(3) विनती(अंग्रेजी में सप्लीकेसन)

विनती या सप्लीकेसन लैटिन शब्द सप्लिकैटस का अंगीकृत रूप है, जिसका अर्थ है "घुटना टेकना"। विनती में विनम्रता की आवश्यकता होती है। विनती, देने वाले की दया पर निर्भर होता है। पुरे बाइबिल में विनती या सप्लीकेसन शब्द का उपयोग 60 बार किया गया है और इसे तार्किक रूप से किसी भी स्थिति में लागू किया जा सकता है जहाँ मदद या एहसान के लिए आपको सत्ता में रहने वाले के पास गिड़गिड़ाना पड़ेगा। **मरकुस 1:40**"*एक कोढ़ी ने यीशु के पास आकर, उस से विनती की, और उसके साम्हने घुटने टेककर, उस से कहा; यदि तू चाहे तो मुझे शुद्ध कर सकता है।*" कोढ़ी जानता था कि यीशु उसे चंगा कर सकते है लेकिन प्रभु के साथ उसका सम्पर्क बहुत विनम्रता के साथ था। मूसा ने परमेश्वर की महिमा देखने के लिए परमेश्वर से विनती किया (**निर्गमन 33:18**)। हन्ना ने एक बेटे के लिए परमेश्वर से विनती की (**1 शमूएल 1:11**)। दाऊद ने अपने दुश्मनों की सजा के लिए परमेश्वर से विनती किया (**भजन संहिता 83**)। हिजकिय्याह ने अपने जीवन की आयु बढ़ने के लिए परमेश्वर से विनती किया (**2 राजा 20: 1-3**)। एस्तेर ने यहूदियों के उद्धार के लिए परमेश्वर से विनती किया (**एस्तेर 4:15-16**)। प्रभु यीशु ने बल के लिए परमेश्वर से विनती किये (**यूहन्ना 17**)। ये सभी परमेश्वर के प्रति विनती हैं। जब हम परमेश्वर के सामने विनम्र होते हैं, तो हम अपनी पापी स्थिति के साथ-साथ परमेश्वर की पवित्रता को स्वीकार करते हैं। विनम्र लोग सही उद्देश्यों के साथ प्रार्थना करते हैं।

(4) मध्यस्थता

दूसरे के लिए प्रार्थना को मध्यस्थता कहा जाता है; यह ऐसा है जैसे हम अंतराल में खड़े हो। कुछ बातें जो मध्यस्थता के विषय में है हमें जानना आवश्यक है। पहला हमारे मन की स्थिति को सही करना है। आप मध्यस्थता के स्तिथि में तब तक नहीं जा सकते जब तक आपका मन की स्तिथि सही नहीं हो जाती । क्योंकि मनुष्य स्वार्थी और आत्म-केंद्रित है लेकिन परमेश्वर संप्रभु है और मनुष्य को अपने मन की स्थिति पहले सही करना होगा। मन की स्थिति तब सही हो सकती है जब कोई पूरी तरह से पवित्र आत्मा पर निर्भर होना सींक लेता है।

दूसरा परमेश्वर का हृदय हमारे जीवन से प्रगट होना चाहिए। बाइबल कहती है कि दाऊद परमेश्वर के हृदय के अनुसार एक व्यक्ति था, और परमेश्वर का हृदय दया और प्रेम है। परमेश्वर कभी मनुष्य को नष्ट नहीं करते; यह समझने के लिए हमें एक स्थान पर आने की जरूरत है।

तीसरा है अंतराल में परमेश्वर के हृदय को लिए हुए खड़ा होना। प्रत्येक मध्यस्थ उस स्थान पर तब ही पहुँच सकता है जब वह परमेश्वर के विचार और हृदय को धारण कर दया के आसान के सामने परमेश्वर की प्रजा के लिए निवेदन करे।

पितृसत्तात्मक मध्यस्थता

इश्माएल के लिए अब्राहम की प्रार्थना **(उत्पत्ति 17: 17-19)**

तब इब्राहीम मुंह के बल गिर पड़ा और हंसा, और अपने मन ही मन कहने लगा, क्या सौ वर्ष के पुरूष के भी सन्तान होगा और क्या सारा जो नब्बे वर्ष की है पुत्र जनेगी? और इब्राहीम ने परमेश्वर से कहा, इश्माएल तेरी दृष्टि में बना रहे! यही बहुत है। तब परमेश्वर ने कहा, निश्चय तेरी पत्नी सारा के तुझ से एक पुत्र उत्पन्न होगा; और तू उसका नाम इसहाक रखना: और मैं उसके साथ ऐसी वाचा बान्धूंगा जो उसके पश्चात उसके वंश के लिये युग युग की वाचा होगी।

सदोम के लिए अब्राहम की प्रार्थना **(उत्पत्ति 18: 23-33)**

तब इब्राहीम उसके समीप जा कर कहने लगा, क्या सचमुच दुष्ट के संग धर्मी को भी नाश करेगा? कदाचित उस नगर में पचास धर्मी हों: तो क्या तू सचमुच उस स्थान को नाश करेगा और उन पचास धर्मियों के कारण जो उस में हो न छोड़ेगा? इस प्रकार का काम करना तुझ से दूर

रहे कि दुष्ट के संग धर्मी को भी मार डाले और धर्मी और दुष्ट दोनों की एक ही दशा हो। यह तुझ से दूर रहे: क्या सारी पृथ्वी का न्यायी न्याय न करे? यहोवा ने कहा यदि मुझे सदोम में पचास धर्मी मिलें, तो उनके कारण उस सारे स्थान को छोडूंगा। फिर इब्राहीम ने कहा, हे प्रभु, सुन मैं तो मिट्टी और राख हूं; तौभी मैं ने इतनी ढिठाई की कि तुझ से बातें करूं। कदाचित उन पचास धर्मियों में पांच घट जाए: तो क्या तू पांच ही के घटने के कारण उस सारे नगर का नाश करेगा? उसने कहा, यदि मुझे उस में पैंतालीस भी मिलें, तौभी उसका नाश न करूंगा। फिर उसने उससे यह भी कहा, कदाचित वहां चालीस मिलें। उसने कहा, तो मैं चालीस के कारण भी ऐसा ने करूंगा।

फिर उसने कहा, हे प्रभु, क्रोध न कर, तो मैं कुछ और कहूं: कदाचित वहां तीस मिलें। उसने कहा यदि मुझे वहां तीस भी मिलें, तौभी ऐसा न करूंगा। फिर उसने कहा, हे प्रभु, सुन, मैं ने इतनी ढिठाई तो की है कि तुझ से बातें करूं: कदाचित उस में बीस मिलें। उसने कहा, मैं बीस के कारण भी उसका नाश न करूंगा। फिर उसने कहा, हे प्रभु, क्रोध न कर, मैं एक ही बार और कहूंगा: कदाचित उस में दस मिलें। उसने कहा, तो मैं दस के कारण भी उसका नाश न करूंगा। जब यहोवा इब्राहीम से बातें कर चुका, तब चला गया: और इब्राहीम अपने घर को लौट गया॥

***अबीमेलेक के लिए की प्रार्थना* (उत्पत्ति 20: 3-7,17-18)**

रात को परमेश्वर ने स्वप्न में अबीमेलेक के पास आकर कहा, सुन, जिस स्त्री को तू ने रख लिया है, उसके कारण तू मर जाएगा, क्योंकि वह सुहागिन है। परन्तु अबीमेलेक तो उसके पास न गया था: सो उसने कहा, हे प्रभु, क्या तू निर्दोष जाति का भी घात करेगा? क्या उसी ने स्वयं मुझ से नहीं कहा, कि वह मेरी बहिन है? और उस स्त्री ने भी आप कहा, कि वह मेरा भाई है: मैं ने तो अपने मन की खराई और अपने व्यवहार की सच्चाई से यह काम किया। परमेश्वर ने उससे स्वप्न में कहा, हां, मैं भी जानता हूं कि अपने मन की खराई से तू ने यह काम किया है और मैं ने तुझे रोक भी रखा कि तू मेरे विरुद्ध पाप न करे: इसी कारण मैं ने तुझ को उसे छूने नहीं दिया। सो अब उस पुरूष की पत्नी को उसे फेर दे; क्योंकि वह नबी है, और तेरे लिये प्रार्थना करेगा, और तू जीता रहेगा: पर

यदि तू उसको न फेर दे तो जान रख, कि तू, और तेरे जितने लोग हैं, सब निश्चय मर जाएंगे।तब इब्राहीम ने यहोवा से प्रार्थना की, और यहोवा ने अबीमेलेक, और उसकी पत्नी, और दासियों को चंगा किया और वे जनने लगीं। क्योंकि यहोवा ने इब्राहीम की पत्नी सारा के कारण अबीमेलेक के घर की सब स्त्रियों की कोखों को पूरी रीति से बन्द कर दिया था॥

मूसा की मध्यस्थता

विपत्तियों को दूर करने के लिए मूसा की मध्यस्थता (निर्गमन 15:25)

रपीदीम में मूसा की मध्यस्थता (निर्गमन 17:4)

अमालेकियों पर विजय के लिए मूसा की मध्यस्थता (निर्गमन 17:8-16)

सोने के बछड़े के बाद लोगों के लिए मूसा की मध्यस्थता (निर्गमन 32:11-14,21-34; 33:12)

पत्थर की तालिकाओं के नवीकरण के बाद मूसा का मध्यस्थता (निर्गमन 34: 9)

सन्दूक की स्थापना और ठहराव पर मूसा की मध्यस्थता (गिनती 10:35)

तबेरा में जलने के बाद मूसा की मध्यस्थता (गिनती 11: 2)

मरियम के कुष्ठ रोग के उपचार के लिए मूसा की मध्यस्थता (गिनती 12:13)

जासूसों की वापसी के लिए मूसा की मध्यस्थता (गिनती 14: 13-19)

साँपों द्वारा विनाश के बाद मूसा की मध्यस्थता (गिनती 21: 7)

सलोफाद की बेटियों के विषय में निर्देशन के लिए मूसा की मध्यस्थता (गिनती 27: 5)

उत्तराधिकारी के लिए मूसा की मध्यस्थता (गिनती 27:15)

गोत्रों के लिए मूसा की अंतिम मध्यस्थता (व्यवस्थाविवरण 33)।

पुराने नियम में अन्य मध्यस्थता

हन्ना के धन्यवाद गीत में प्रशंसा और आराधना अधिक दिखता है लेकिन इसमें बहुत सारे मध्यस्थता भी शामिल हैं (1 शमूएल 2: 1-11)।

मिस्पा में शमूएल की मध्यस्थता (1 शमूएल 7: 5)

शाऊल के लिए शमूएल की मध्यस्थता (1 शमूएल 15:11)

परमेश्वर से दाऊद की मध्यस्थता (2 शमूएल 7:18)

पितरोंके श्रापों से लोगों को मुक्ति दिलाने के लिए दाऊद का मध्यस्थता (2 शमूएल 24:17)

मंदिर के समर्पण में सुलैमान की मध्यस्थता (1 राजा 8: 12-61)

अपने हाथ के उपचार के लिए परमेश्वर के जन से यारोबाम की मध्यस्थता (1 राजा 13: 6)

विधवा के बेटे के लिए एलिय्याह की मध्यस्थता (1 राजा 17:20)

वर्षा के लिए एलिय्याह की मध्यस्थता (1 राजा 18:42)

विधवा के मृत बेटे के पुनः जीवित होने के लिए एलीशा की मध्यस्थता (2 राजा 4:33)

युवक की आंखें खोलने के लिए एलीशा का मध्यस्थता (2 राजा 6:17)

"किताब जो मिली है" उसके विषय में मध्यस्थता के लिए योशिय्याह की आज्ञा (2 राजा 22:13)

अपने घराने के लिए दाऊद की मध्यस्थता (1 इतिहास 17: 16-27)

मरी से मुक्ति के लिए दाऊद की मध्यस्थता (1 इतिहास 21:17)

मंदिर के लिए उपहारों की पेशकश में लोगों और सुलैमान के लिए दाऊद की मध्यस्थता (1 इतिहास 29: 10-19)

मंदिर के अभिषेक में सुलैमान की मध्यस्थता (2 इतिहास 6: 1-42)

आसा की मध्यस्थता (2 इतिहास 14:11)

यहोशापात की मध्यस्थता (२ इतिहास २०: ५-१३)

जो लोग फसह खाने के लिए तैयार नहीं थे, उनके लिए हिजकिय्याह की मध्यस्थता (2 इतिहास 30:18)

किताब के विषय में मध्यस्थता के लिए योशिय्याह की आज्ञा (2 इतिहास 34:21)

भविष्यवक्ताओं में , हम एज्रा की मध्यस्थता देखते हैं (एज्रा 9: 5-15)

नहेमायाह की मध्यस्थता (नहेमायाह 1: 5-11)

राष्ट्र के लिए लेवियों की मध्यस्थता (नहेमायाह 9: 4-38)।

<u>नए नियम की मध्यस्थता</u>

अपने नौकर के लिए सरदार की मध्यस्थता (मत्ती 8:13)

दुष्टात्माग्रस्त बालक के लिए एक व्यक्ति की मध्यस्थता (मत्ती 17: 14-21)

प्रेरितों की मुक्ति के लिये इकट्ठे हुए विश्वासियों की मध्यस्थता (प्रेरितों के काम 4:24-30)

पतरस के लिए लौ लगाकर कलीसिया की मध्यस्थता (प्रेरितों के काम 12: 5,12)

अन्ताकिया में बरनबास और शाऊल के लिए मध्यस्थता (प्रेरितों के काम 13: 3)

कलीसियाओं के लिए पौलूस और बरनबास की मध्यस्थता (प्रेरितों के काम 14:23)

(5) स्तुति या प्रशंसा

भजन संहिता 100:4-5"*उसके फाटकों से धन्यवाद, और उसके आंगनों में स्तुति करते हुए प्रवेश करो, उसका धन्यवाद करो, और उसके नाम को धन्य कहो! क्योंकि यहोवा भला है, उसकी करूणा सदा के लिये, और उसकी सच्चाई पीढ़ी से पीढ़ी तक बनी रहती है॥*" हम किसी की प्रशंसा कब करते हैं? जब उन्होंने एक विशेष कार्य या विशेषता या कौशल का प्रदर्शन किया है। यह वही है जो हम परमेश्वर के साथ करते हैं। यशायाह ने अपने उद्धार और निर्णय के लिए परमेश्वर की स्तुति की, **यशायाह 25:1**"*हे यहोवा, तू मेरा परमेश्वर है; मैं तुझे सराहूंगा, मैं तेरे नाम का धन्यवाद करूंगा; क्योंकि तू ने आश्चर्यकर्म किए हैं, तू ने प्राचीनकाल से पूरी सच्चाई के साथ युक्तियां की हैं।*" हमें परमेश्वर की स्तुति करने की आवश्यकता है क्योंकि **भजन संहिता 145:3**"*यहोवा महान और अति स्तुति के योग्य है, और उसकी बड़ाई अगम है॥*" परमेश्वर की महानता को कोई माप नहीं सकता। स्तुति हमारी आँखों को अपने ऊपर से हटाके परमेश्वर की ओर करने में मदद करटी है। अगर हम धन्यवाद के साथ उनके द्वार में प्रवेश करते हैं, तो हम उनकी महानता और उनकी अच्छाई के लिए स्तुति के साथ उनके दरबार में जा

सकते हैं। स्तुति का अर्थ है, उसकी एक विशेष गुणवत्ता पर जोर देना। हम उनकी प्रशंसा करते हैं कि वे कौन है और अपने बच्चों के प्रति उनके पराक्रम के लिए। हम उनके प्रेम और शक्ति को पहचानने के साथ ही उनका सम्मान करते हैं। स्तुति के माध्यम से, हम सम्मान करते हैं और अपने प्रभु को श्रेय और श्रद्धांजलि देते हैं। हमें परमेश्वर की स्तुति करने का कारण निम्न कारणों से है (1) इसकी बाइबिल में आज्ञा है **भजन संहिता 50:6**"*और स्वर्ग उसके धर्मी होने का प्रचार करेगा क्योंकि परमेश्वर तो आप ही न्यायी है॥*" (2) हम स्तुति के माध्यम से परमेश्वर तक पहुँचते हैं **भजन संहिता 100:4**"*उसके फाटकों से धन्यवाद, और उसके आंगनों में स्तुति करते हुए प्रवेश करो, उसका धन्यवाद करो, और उसके नाम को धन्य कहो!*" (3) स्तुति वह है जहाँ परमेश्वर रहते हैं, **भजन संहिता 22:3**"*परन्तु हे तू जो इस्राएल की स्तुति के सिहांसन पर विराजमान है, तू तो पवित्र है।*" (4) जब हम स्तुति करते हैं तो हम अधिक उत्पादक बन जाते हैं **(भजन संहिता 31)**। (5) स्तुति आशा उत्पन्न करती है **यशायाह 61:3**"*और सिय्योन के विलाप करने वालों के सिर पर की राख दूर कर के सुन्दर पगड़ी बान्ध दूं, कि उनका विलाप दूर कर के हर्ष का तेल लगाऊं और उनकी उदासी हटाकर यश का ओढ़ना ओढ़ाऊं; जिस से वे धर्म के बांजवृक्ष और यहोवा के लगाए हुए कहलाएं और जिस से उसकी महिमा प्रगट हो।*" (6) स्तुति शत्रु के खिलाफ एक हथियार है **2 इतिहास 20:22**"*जिस समय वे गाकर स्तुति करने लगे, उसी समय यहोवा ने अम्मोनियों, मोआबियों और सेईर के पहाड़ी देश के लोगों पर जो यहूदा के विरुद्ध आ रहे थे, घातकों को बैठा दिया और वे मारे गए।*"

(6) उपासना

भजन संहिता 96:9"*पवित्रता से शोभायमान होकर यहोवा को दण्डवत करो; हे सारी पृथ्वी के लोगों उसके साम्हने कांपते रहो!*" सच्ची उपासना तब होती है जब हमारी आत्माओं ने जीवित परमेश्वर के साथ एक दिव्य मुठभेड़ का अनुभव करते है। उपासना के लिए हिब्रू शब्द है *,शाहचाह, का अनुवाद "झुकना, श्रद्धा दिखाना, साष्टांग प्रणाम करना, और विनम्रतापूर्वक प्रणाम करना है।"* नये नियम में सबसे अधिक

उपयोग होने वाला उपासना का ग्रीक शब्द 'प्रोस्क्यूनो' है, जिसका अर्थ है "की ओर चूमने के लिए।" उपासना में, विश्वासी परमेश्वर की उपस्थिति में अपने हृदय की स्नेह और गहरी भक्ति को व्यक्त करता है **प्रकाशितवाक्य 4:10**"*तब चौबीसों प्राचीन सिंहासन पर बैठने वाले के साम्हने गिर पड़ेंगे, और उसे जो युगानुयुग जीवता है प्रणाम करेंगे; और अपने अपने मुकुट सिंहासन के साम्हने यह कहते हुए डाल देंगे।*" श्रद्धा के इस कार्य को उपासना कहा जाता है जो परमेश्वर की उपस्थिति में हृदय की प्रतिक्रिया है। एक उपासना स्थल में परमेश्वर के प्रति उनके गहन प्रेम और श्रद्धा को व्यक्त करता है। जब हम परमेश्वर की उपासना करते हैं तब उनकी उपस्थिति में हम अपने पापों को देखते हैं और तब सच्चा पश्चाताप होता है। हम देखते हैं कि यशायाह की पुस्तक में जहां यशायाह की उपासना के दौरान परमेश्वर की उपस्थिति में यशायाह अपने पाप से अवगत कराया गया था **यशायाह 6:5**"*तब मैं ने कहा, हाय! हाय! मैं नाश हूआ; क्योंकि मैं अशुद्ध होंठ वाला मनुष्य हूं, और अशुद्ध होंठ वाले मनुष्यों के बीच में रहता हूं; क्योंकि मैं ने सेनाओं के यहोवा महाराजाधिराज को अपनी आंखों से देखा है!*"

उपासना के लाभ: **(1)** हमें प्रार्थना के लिए तैयार करता है, क्योंकि बाइबल में अधिकांश प्रार्थनाएँ उपासना से शुरू हुई हैं। **1 राजा 8:22-23**"*तब सुलैमान इस्राएल की पूरी सभा के देखते यहोवा की वेदी के साम्हने खड़ा हुआ, और अपने हाथ स्वर्ग की ओर फैलाकर कहा, हे यहोवा! हे इस्राएल के परमेश्वर! तेरे समान न तो ऊपर स्वर्ग में, और न नीचे पृथ्वी पर कोई ईश्वर है: तेरे जो दास अपने सम्पूर्ण मन से अपने को तेरे सम्मुख जानकर चलते हैं, उनके लिये तू अपनी वाचा पूरी करता, और करुणा करता रहता है।*" **(2)** हमारी आत्मा को संतुष्ट करता है, बर्नहार्ड लैंगर अपनी पीढ़ी के सर्वश्रेष्ठ गोल्फरों में से एक थे, दो बार यूएस मास्टर्स जीतने वाले और 1986 में विश्व गोल्फ रैंकिंग में शीर्ष पर रहे। उन्होंने कहा, मैंने पांच अलग-अलग महाद्वीपों में सात प्रतियोगिताएं जीते; मैं दुनिया में नंबर एक था और मेरी एक खूबसूरत युवा पत्नी थी। फिर भी कुछ सूनापन था। हमारे मन में एक शून्यता है और यह केवल परमेश्वर द्वारा ही भरा जा सकता है। जब हम उनकी

उपासना करते हैं तो उनके लिए हमारा हृदय खुलता है और उनकी उपस्थिति हमारे उस शून्यता को भर देती है। **(3)** जब हम उपासना करते हैं तो हमारे दृष्टिकोण को पढ़ा जाता है। चिंता आज इस दुनिया में सबसे आम बात है। जब हम परमेश्वर की उपासना करते हैं तो हम अपना ध्यान अपनी चिंताओं से निकालते हैं और परमेश्वर पर ध्यान देना शुरू करते हैं। और उपासना के इस स्थान में, हम चिंता और चिंताओं को विश्वास और स्वीकृति में बदलते हैं। **रोमियो 8:28**"*और हम जानते हैं, कि जो लोग परमेश्वर से प्रेम रखते हैं, उन के लिये सब बातें मिलकर भलाई ही को उत्पन्न करती है; अर्थात उन्हीं के लिये जो उस की इच्छा के अनुसार बुलाए हुए हैं।*"

(7) धन्यवाद

भजन संहिता 92:1"*यहोवा का धन्यवाद करना भला है, हे परमप्रधान, तेरे नाम का भजन गाना;*"। धन्यवाद की प्रार्थना यानी परमेश्वर ने जो किया है, उसके लिए हृदय से परमेश्वर को धन्यवाद देना है। हम भजन संहिता से सीखते हैं कि धन्यवाद के साथ हम परमेश्वर की उपस्थिति में प्रवेश कर सकते हैं: भजन **संहिता 100:4**"*उसके फाटकों से धन्यवाद, और उसके आंगनों में स्तुति करते हुए प्रवेश करो, उसका धन्यवाद करो, और उसके नाम को धन्य कहो!*" प्रेरित पौलुस हमें निर्देश देते है कि **1 थिस्सलुनीकियों 5:18**"*हर बात में धन्यवाद करो: क्योंकि तुम्हारे लिये मसीह यीशु में परमेश्वर की यही इच्छा है।*" शास्त्रों के अनुसार, धन्यवाद नहीं देना उन लोगों की विशेषता होगी जो अंतिम दिनों में रहते हैं, **2 तीमुथियुस 3:1** "*पर यह जान रख, कि अन्तिम दिनों में कठिन समय आएंगे।क्योंकि मनुष्य अपस्वार्थी, लोभी, डींगमार, अभिमानी, निन्दक, माता-पिता की आज्ञा टालने वाले, कृतघ्न, अपवित्र।*" **(1)** हम परमेश्वर की बड़ाई करते हैं **भजन संहिता 69:30** "*मैं गीत गाकर तेरे नाम की स्तुति करूंगा, और धन्यवाद करता हुआ तेरी बड़ाई करूंगा।*" **(2)** धन्यवाद हमारे प्रार्थना जीवन में मदद करता क्योंकि हमारे प्रार्थनाओं का शुरुआत हमेशा धन्यवाद से होनी चाहिए **कुलुस्सियों 4:2**"*प्रार्थना में लगे रहो, और धन्यवाद के साथ उस में जागृत रहो।*" **(3)** धन्यवाद आपके चारों ओर एक अलौकिक वातावरण पैदा

करती है क्योंकि जैसे ही आप परमेश्वर को धन्यवाद देना शुरू करते हैं सभी नकारात्मक भावनाएं गायब हो जाते है **यशायाह 51:3**"*यहोवा ने सिय्योन को शान्ति दी है, उसने उसके सब खण्डहरों को शान्ति दी है; वह उसके जंगल को अदन के समान और उस के निर्जल देश को यहोवा की बाटिका के समान बनाएगा; उस में हर्ष और आनन्द और धन्यवाद और भजन गाने का शब्द सुनाई पड़ेगा॥*" जब हम परमेश्वर को धन्यवाद देते हैं तो हमारा विश्वास बढ़ता है जिससे हम जीवन की चुनौतियों का सामना कर सकते है **फिलिप्पियों 4:6-7** "*किसी भी बात की चिन्ता मत करो: परन्तु हर एक बात में तुम्हारे निवेदन, प्रार्थना और बिनती के द्वारा धन्यवाद के साथ परमेश्वर के सम्मुख अपस्थित किए जाएं। तब परमेश्वर की शान्ति, जो समझ से बिलकुल परे है, तुम्हारे हृदय और तुम्हारे विचारों को मसीह यीशु में सुरिक्षत रखेगी॥*" **(4)** जैसे-जैसे आप परमेश्वर को धन्यवाद देते रहेंगे, आपके ऊपर आशीर्वाद के द्वार खुलते जाएंगे **यिर्मयाह 30:19-20**"*तब उन में से धन्य कहने, और आनन्द करने का शब्द सुनाई पड़ेगा। मैं उनका वैभव बढ़ाऊंगा, और वे थोड़े न होंगे। उनके लड़के बाले प्राचीनकाल के समान होंगे, और उनकी मण्डली मेरे साम्हने स्थिर रहेगी; और जितने उन पर अन्धेर करते हैं उन को मैं दण्ड दूंगा।*" **(5)** जैसे ही हम हर चीज के लिए परमेश्वर को धन्यवाद देते हैं तो हम नम्र बनते है क्योंकि हम सारा श्रेय परमेश्वर को दे रहे हैं **2 कुरिन्थियों 10:17**"*परन्तु जो घमण्ड करे, वह प्रभु पर घमण्ड करें।*" **(6)** यह सच्चाई है कि परमेश्वर का धन्यवाद करने से हमारा स्वास्थ्य अच्छा बना रहता हैं क्योंकि धन्यवाद का हमारा शारीरिक स्वास्थ्य एवं विशेषकर हमारे हृदय पर सकारात्मक प्रभाव पड़ता है जो भावनाओं का बीज है। जैसे हम परमेश्वर को धन्यवाद देते रहते हैं हम शारीरिक, आध्यात्मिक और भावनात्मक उपचार का अनुभव करते हैं **नीतिवचन 17:22** "*मन का आनन्द अच्छी औषधि है, परन्तु मन के टूटने से हड्डियां सूख जाती हैं।*"

(8) घोषणा

भजन संहिता 81:10"*तेरा परमेश्वर यहोवा मैं हूं, जो तुझे मिस्त्र देश से निकाल लाया है। तू अपना मुंह पसार, मैं उसे भर दूंगा॥*" बाइबल तीन

अभिषेक के बारे में बात करती है। पुराने नियम में तेल तीन लोगों पर डाला गया कोड़ी, याजक और राजा और यह साथ-साथ तीन अभिषेक के संबंधित है कोड़ी का अभिषेक, याजक का अभिषेक और राजा का अभिषेक । कोड़ी का अभिषेक पाप से धार्मिकता में प्रवेश करने की प्रक्रिया है, पुराने नियम के अनुसार कोड पाप का प्रतिनिधित्व है। याजक का अभिषेक पवित्रता के लिए है, जिससे हमें सही जीवन जीने के लिए, धार्मिक कृत्यों का उत्पादन करने के लिए एवं धार्मिक कार्यों के लिए प्रेरित करता है।

पुराने नियम में राजा के अभिषेक को शक्ति और अधिकार के रूप में वर्णित किया गया है। यह अभिषेक हम तब पाते है जब पवित्र आत्मा हम पर उतरता है प्रेरितों के काम 1:8 "परन्तु जब पवित्र आत्मा तुम पर आएगा तब तुम सामर्थ पाओगे; और यरूशलेम और सारे यहूदिया और सामरिया में, और पृथ्वी की छोर तक मेरे गवाह होगे।"

जिस प्रकार एक राजा घोषणा करने के लिए अपने अधिकार का उपयोग करता है एवं उस राजा का शब्द या आदेश वास्तविक दुनिया में अमल किया जाता है, उसी प्रकार हमारे शब्दों की घोषणाओं का प्रभाव आध्यात्मिक दुनिया पर भी समान रहता है। क्योंकि, जिन शब्दों का हम उपयोग करते हैं, वे जीवन और शक्ति हैं। **नीतिवचन 18:21**"*जीभ के वश में मृत्यु और जीवन दोनों होते हैं, और जो उसे काम में लाना जानता है वह उसका फल भोगेगा।*" शब्द हमारे जीवन को दिशा और भाग्य देते हैं, क्योंकि शब्द के द्वारा हमारे जीवन को निर्देशित किया जाता है, जो हम बोलते हैं उसके आधार पर हमारा जीवन और भविष्य निर्भर होता है। घोषणा प्रार्थना में हम अपने शब्दों की शक्ति का उपयोग करते हैं और क्योंकि परमेश्वर का शब्द विश्वासी के मुंह में परमेश्वर का विनाशकारी हथियार है, हमें जीवन के सभी लड़ाइयों में शत्रु का सामना करने के लिये समर्थ मिल चुका है। जब आप अपना मुंह खोलकर अपने जीवन पर वादों की घोषणा नहीं करते है, तब आप परमेश्वर की नियति को बंद कर देते हैं। क्योंकि परमेश्वर ने आपको सभी आवश्यक वादे दिए हैं, और अब वे चाहते है कि आप अपने जीवन में विश्वास से घोषणा करे। यदि आप अपना मुँह बंद करते हैं, तो आपकी ओर से स्वर्ग बंद

हो जाता है। **2 कुरिन्थियों 5:7**"*क्योंकि हम रूप को देखकर नहीं, पर विश्वास से चलते हैं।*" विश्वास यानि पहाड़ को बोलना है, न कि पहाड़ के बारे में बोलना है। विश्वास सभी घोषणाओं के बारे में है। परमेश्वर के वचन के अनुसार चलना और फिर लगातार भविष्यवाणियाँ करने से, हम मृत्यु की स्थिति को जीवन में बदलते हैं। घोषणाएं कैसे करें? जब आप बीमार होते हैं, तो अपने चंगाई की घोषणा करें, और यहोवा राफा आपको छुएंगे और चंगा करेंगे। जब आप मंदी में हो, तो घोषणा करे और परमेश्वर अपने महिमा के धन के अनुसार, आपकी सभी जरूरतों की पूर्ति करेगा। जैसे आप घोषणा शुरू करते हैं और इसे अपने मुंह से कहते हैं, स्वर्ग सुनेगा और यह बिना देरी के आपके जीवन में पूरा होगा। **1 कुरिन्थियों 14:4-6** "*जो अन्य भाषा में बातें करता है, वह अपनी ही उन्नति करता है; परन्तु जो भविष्यद्वाणी करता है, वह कलीसिया की उन्नति करता है। मैं चाहता हूं, कि तुम सब अन्य भाषाओं में बातें करो, परन्तु अधिकतर यह चाहता हूं कि भविष्यद्वाणी करो: क्योंकि यदि अन्यान्य भाषा बोलने वाला कलीसिया की उन्नति के लिये अनुवाद न करे तो भविष्यद्ववाणी करने वाला उस से बढ़कर है। इसलिये हे भाइयों, यदि मैं तुम्हारे पास आकर अन्य अन्य भाषा में बातें करूं, और प्रकाश, या ज्ञान, या भविष्यद्वाणी, या उपदेश की बातें तुम से न कहूं, तो मुझ से तुम्हें क्या लाभ होगा?*" इसलिए परमेश्वर के वादों की घोषणा करें तो आप शारीरिक अभिव्यक्तियों को देखना शुरू करेंगे। परमेश्वर का वचन आपकी दुनिया को रूपांतर करता है। इसे सिर्फ पढ़ना ही नहीं; इसे बोलिए इसे सकारात्मक रूप से घोषित कीजिए और यह सिर्फ एक सकारात्मक स्वीकारोक्ति ही नहीं है बल्कि यह एक भविष्यवाणी भी है। एक बार विश्वास में घोषित परमेश्वर का वचन आपकी दुनिया को बदल देता है और आपका जीवन सफलता की दुनिया बन जाता है। आपकी जीभ में बहुत शक्ति है। आपका जीभ मारता भी हैं और जीवन भी देता हैं, या तो वह जहर हैं या तो वह फल है - चुनाव आपका है। इसलिए, अपनी जीभ का इस्तेमाल लाभदायक तरीके से करें। चमत्कार आपके मुंह में हैं; इसलिए, परमेश्वर का वचन को लगातार और हर दिन घोषित करें। राजा वे हैं जो निर्णय लेते हैं और घोषणा करते हैं क्योंकि वे शासन करते हैं,

और आप एक राजा हो **प्रकाशित वाक्य 5:10** *"और उन्हें हमारे परमेश्वर के लिये एक राज्य और याजक बनाया; और वे पृथ्वी पर राज्य करते हैं।" तो अपने जीवन में चमत्कार के लिए घोषणा करो, और सामर्थ को जारी करो। सभोपदेशक 8:4 "क्योंकि राजा के वचन में तो सामर्थ्य रहती है, और कौन उस से कह सकता है कि तू क्या करता है?"*

घोषणा प्रार्थनाएँ तीन प्रकार की होती है

वाचा की घोषणाएं

यहोशू 1:8"*व्यवस्था की यह पुस्तक तेरे चित्त से कभी न उतरने पाए, इसी में दिन रात ध्यान दिए रहना, इसलिये कि जो कुछ उस में लिखा है उसके अनुसार करने की तू चौकसी करे; क्योंकि ऐसा ही करने से तेरे सब काम सफल होंगे, और तू प्रभावशाली होगा।"* परमेश्वर ने यहोशू को मूसा के बाद एक नए नायक के रूप में ये अनमोल निर्देश दिए। मूसा एक महान नायक था और अब यहोशू के लिए मूसा की जगह पर खड़ा होकर परमेश्वर और इस्राएल के लोगों की अपेक्षाओं को पूरा करना सबसे बड़ी चुनौती थी। जब यहोशू इन बातों से जूझ रहा था, तब परमेश्वर उससे मिलने आया और उसे सफलता का सूत्र दिया। जो "परमेश्वर के वचन से चिपके रहना" है। यहोशू इन बातों पर चला और परमेश्वर का एक बहुत सफल नेता साबित हुआ। परमेश्वर के कई महापुरुषों ने परमेश्वर के वचन का परीक्षण किया और वे हमेशा सभी के लिए एक वरदान साबित हुए। परमेश्‌वर द्‌वारा उसके वचन में दिए गए हजारों वादे हैं लेकिन हमें उन्हें अपने जीवन में सक्रिय करने की आवश्यकता है। परमेश्वर के वादों को सक्रिय करने के लिए हमें उन पर विश्वास करने और उन्हें घोषित करने की आवश्यकता है। विश्वास यानी यकीन करना है कि आपके पास वह पहले से ही है जिसकी आप आशा कर रहे है। यह परमेश्वर के वादों को आत्मिक क्षेत्र से भौतिक क्षेत्र में खींचता है। विश्वास प्राथमिक कुंजी है जो परमेश्वर के कई वादों को आपके जीवन में अमल करती है। किन्तु आपको परमेश्वर के वादों की घोषणा करने की आवश्यकता है; यदि आप अपने जीवन में सारे आशीषों को पूरा होते हुए देखना चाहते है तो आपको परमेश्वर का वचन अपने जीवन पर घोषणा करना चाहिए। अपने घोषणा से आप अपने जीवन के पहाड़ों को हटा

सकते है यह मुमकिन है क्योंकि परमेश्वर का वचन हमें यही सिखाता है **मरकुस 11:23** *"मैं तुम से सच कहता हूं कि जो कोई इस पहाड़ से कहे; कि तू उखड़ जा, और समुद्र में जा पड़, और अपने मन में सन्देह न करे, वरन प्रतीति करे, कि जो कहता हूं वह हो जाएगा, तो उसके लिये वही होगा।"*

भविष्यवाणी की घोषणाएँ

घोषणाएँ हमें उन चीज़ों को पूरा करने में मदद करती हैं जो वैसे नहीं हैं जैसे कि वे हैं। **रोमियो 4:17** *"जैसा लिखा है, कि मैं ने तुझे बहुत सी जातियों का पिता ठहराया है उस परमेश्वर के साम्हने जिस पर उस ने विश्वास किया और जो मरे हुओं को जिलाता है, और जो बातें हैं ही नहीं, उन का नाम ऐसा लेता है, कि मानो वे हैं।"* परमेश्वर किसी भी मृत चीज़ को जीवित करने की सामर्थ रखते है। लेकिन किसी मृत चीजों को जीवित करने के लिए हमें विश्वास के साथ बोलना होगा कि उसमें जीवन आए जब की वो मृत दिख रहा हो। (विश्वास का सार यह है कि हम देखने से पहले यक़ीन करे कि होगा) जब हम उन चीजों को जीवित घोषित करते हैं जो मृत दिखती हैं, परमेश्वर की शक्ति बहती है और उन मृत चीजों और परिस्थियो में प्रवेश कर उसे पुनः जीवित करती है। भविष्यवाणी की घोषणाएं राज्य संसाधनों को जारी करती हैं। **यहेजकेल 37:1-10** *"यहोवा की शक्ति मुझ पर हुई, और वह मुझ में अपना आत्मा समवाकर बाहर ले गया और मुझे तराई के बीच खड़ा कर दिया; वह तराई हड्डियों से भरी हुई थी। तब उसने मुझे उनके चारों ओर घुमाया, और तराई की तह पर बहुत ही हड्डियां थीं; और वे बहुत सूखी थीं। तब उसने मुझ से पूछा, हे मनुष्य के सन्तान, क्या ये हड्डियां जी सकती हैं? मैं ने कहा, हे परमेश्वर यहोवा, तू ही जानता है। तब उसने मुझ से कहा, इन हड्डियों से भविष्यद्वाणी कर के कह, हे सूखी हड्डियों, यहोवा का वचन सुनो। परमेश्वर यहोवा तुम हड्डियों से यों कहता है, देखो, मैं आप तुम में सांस समवाऊंगा, और तुम जी उठोगी। और मैं तुम्हारी नसें उपजा कर मांस चढ़ाऊंगा, और तुम को चमड़े से ढांपूंगा; और तुम में सांस समवाऊंगा और तुम जी जाओगी; और तुम जान लोगी कि मैं यहोवा हूँ। इस आज्ञा के अनुसार मैं भविष्यद्वाणी करने लगा; और मैं भविष्यद्वाणी कर ही रहा था, कि एक आहट आई, और भुईडोल हुआ,*

और वे हड्डियां इकट्ठी हो कर हड्डी से हड्डी जुड़ गई। और मैं देखता रहा, कि उन में नसें उत्पन्न हुई और मांस चढ़ा, और वे ऊपर चमड़े से ढंप गई; परन्तु उन में सांस कुछ न थी। तब उसने मुझ से कहा, हे मनुष्य के सन्तान सांस से भविष्यद्वाणी कर, और सांस से भविष्यद्वाणी कर के कह, हे सांस, परमेश्वर यहोवा यों कहता है कि चारों दिशाओं से आकर इन घात किए हुओं में समा जा कि ये जी उठें। उसकी इस आज्ञा के अनुसार मैं ने भविष्यद्वाणी की, तब सांस उन में आ गई, ओर वे जीकर अपने अपने पांवों के बल खड़े हो गए; और एक बहुत बड़ी सेना हो गई।" यह पुनरुद्धार का काम था; किसी चीज को वापस जीवन में लाना जो एक समय में जीवित था। यह शून्य में से जीवन की उत्पत्ति नहीं थी बल्कि यह किसी ऐसी चीज के लिए जीवन की वापसी थी जो लंबे समय से मृत थी और यह केवल भविष्यवाणी की घोषणा के माध्यम से हो सकती है। हमने अपने जीवन में भी कई सूखी हड्डियों को देखें होंगे, लेकिन विश्वास की कमी के कारण उन सूखी हड्डियों से बात करने में हम असफल रहे। यदि हम परमेश्वर पर भरोसा करते और बोलते तो परमेश्वर की श्वास उनका पुनः निर्माण कर देती। यहां श्वास शब्द "रूह" है हिब्रू में परमेश्वर की आत्मा के लिए यही शब्द है। तो क्या होता है जब हम भविष्यवाणियां करते हैं तो श्वास जो जीवन है और आत्मा जो शक्ति (डुनेमिस) है, दोनों पुनर्स्थापना लाने की कार्य करती है। हमारे भविष्यसूचक शब्दों में हमारी और अन्य लोगों की नियति को पुनः निर्माण करने, पुन: स्थापित करने, पुनर्स्थापित करने और पुनः रचना करने की शक्ति है।

स्थिति की घोषणा

परमेश्वर को आपके लिए युद्ध जीतने के लिए यह महत्वपूर्ण है कि आप अपने आप को किस तरह से एक स्थिति में रखते हैं, और कौन सी स्थिति में रखते है। यदि आप अपनी लड़ाई को छोड़ दे तो आप अपनी जीत की नहीं बल्कि अपने हार का स्वाद चखेंगे। इसलिए अपनी स्थिति बनाए रखें और प्रार्थना करते रहें और घोषणा करते रहें और देखें कि परमेश्वर क्या करते है! अपने आत्मविश्वास पर नहीं बल्कि परमेश्वर के ऊपर भरोसे पर निर्भर रहे। क्योंकि युद्ध यहोवा की है। मत्ती **19:26** *"यीशु*

ने उन की ओर देखकर कहा, मनुष्यों से तो यह नहीं हो सकता, परन्तु परमेश्वर से सब कुछ हो सकता है।" इसलिए चाहे आप किसी की भी सामना कर रहे हैं, पर यह नहीं भूलना चाहिए कि परमेश्वर हमेशा हमारे साथ है और वे सब बातों से हमें उबारने में सक्षम है। **भजन संहिता 119:89**"*हे यहोवा, तेरा वचन, आकाश में सदा तक स्थिर रहता है।"* एक जो कभी अपनी शक्ति और स्थिति नहीं खोती है, वह है परमेश्वर का वचन। हमें परमेश्वर के वचन में शक्ति का उपयोग करके खुद को स्थिति में लाने की आवश्यकता है। **उत्पत्ति 35:17 -18**"*जब उसको बड़ी बड़ी पीड़ा उठती थी तब धाय ने उससे कहा, मत डर; अब की भी तेरे बेटा ही होगा।तब ऐसा हुआ, कि वह मर गई, और प्राण निकलते निकलते उसने उस बेटे को नाम बेनोनी रखाः पर उसके पिता ने उसका नाम बिन्यामीन रखा।"* याकूब की सबसे प्रिय पत्नी राहेल अपने दूसरे बेटे को जन्म दे रही थी। जब वह बच्चे को जन्म देने वाली थी, तब उसे असहनीय दर्द का अनुभव हुआ, जिससे उस बच्चे का नाम बेनोनी हो गया, जिसका अर्थ है "दुःख का बेटा", इस बच्चे को जन्म देने के बाद राहेल की मृत्यु हो गई। यह "बेनोनी" नाम इस बच्चे के जीवन में बाधा डालनी चाहिए थी। कल्पना कीजिए कि वह जहां भी गया होगा लोगों ने उसका मजाक उड़ाया होगा और उसका अपमान किया होगा क्योंकि उसका नाम "दुख" है। कोई भी व्यक्ति दुःख के लिए प्यार नहीं करेगा। और इन सबसे ऊपर उन्हें अपने कबीले और उनके परिवार और भाइयों द्वारा सबसे कम देखा जाता था। इससे पहले कि इस बच्चे के जीवन में कोई भी घटना घटे, उसका पिता याकूब विश्वास में चला और उसने बेनोनी से बिन्यामीन में नाम बदलकर इस बच्चे का भविष्य संवार दिया। बिन्यामीन का अर्थ है "मेरे दाहिने हाथ का पुत्र"। परमेश्वर का दाहिना हाथ (डेक्सटेरा डॉमिनी "लैटिन में परमेश्वर का दाहिना हाथ") यह परमेश्वर का दाहिना हाथ को परमेश्वर की सर्वव्यापीता के रूप में बाइबिल उल्लेख करता है। बाइबल में, दाहिनी ओर होने को "सम्मान के विशेष स्थान में होने के रूप में पहचाना जाना है"। परमेश्वर के दाहिने हाथ में है **(1) मुक्तिः भजन संहिता 44:3**"*क्योंकि वे न तो अपनी तलवार के बल से इस देश के अधिकारी हुए, और न अपने बाहुबल से;*

परन्तु तेरे दाहिने हाथ और तेरी भुजा और तेरे प्रसन्न मुख के कारण जयवन्त हुए; क्योंकि तू उन को चाहता था॥" **(2)** वादा: **प्रेरितों के काम 2:32-33**"*इसी यीशु को परमेश्वर ने जिलाया, जिस के हम सब गवाह हैं। इस प्रकार परमेश्वर के दाहिने हाथ से सर्वोच्च पद पाकर, और पिता से वह पवित्र आत्मा प्राप्त करके जिस की प्रतिज्ञा की गई थी, उस ने यह उंडेल दिया है जो तुम देखते और सुनते हो।"* **(3)** प्रावधान: **भजन संहिता16:11**"*तू मुझे जीवन का रास्ता दिखाएगा; तेरे निकट आनन्द की भरपूरी है, तेरे दाहिने हाथ में सुख सर्वदा बना रहता है॥"* **(4)** संरक्षण: **यशायाह 41:10**"*मत डर, क्योंकि मैं तेरे संग हूं, इधर उधर मत ताक, क्योंकि मैं तेरा परमेश्वर हूं; मैं तुझे दृढ़ करूंगा और तेरी सहायता करूंगा, अपने धर्ममय दाहिने हाथ से मैं तुझे सम्हाले रहूंगा॥"* आध्यात्मिक अधिकार की उस स्थिति में, हमारे विश्वास का अभ्यास, परमेश्वर के राज्य के लिए शोषण करने में सक्षम बनाता है। अगर याकूब विश्वास में नहीं चलता और अपने बेटे के लिए पद की घोषणा नहीं करता तो उसके लिए चीजें इतनी अच्छी नहीं होतीं। लेकिन याकूब के इस कृत्य ने बिन्यामीन के जीवन और उसके काबिलियत में बहुत सारे आशीर्वाद लाए। शास्त्र से पता चलता है कि कम से कम चार महान लोग बेंजामिन के गोत्र से आए थे, भले ही यह बारह गोत्रों में सबसे छोटा था **(1 शमूएल 9:21)**। सबसे पहले, एक महान योद्धा, एहूद, जिसने मोआब से इस्राएल को छुड़ाया था **(न्यायियों 3:12-30)**। इसके बाद, शाऊल इस्राएल का पहला राजा बना **(1 शमूएल 9:15–27)**। बाद के यहूदी इतिहास में, कई यहूदी फारस में रहते थे, परमेश्वर ने बिन्यामीन के गोत्र से मोर्दकै और एस्तेर को इस्तेमाल किये, ताकि यहूदियों को मौत से बचाया जा सके **(एस्तेर 2: 5–7)**। अंत में, नए नियम में, प्रेरित पौलुस ने भी यह पुष्टि की कि वह भी बिन्यामीन से आया था। “क्योंकि मैं तुम से मिलने की लालसा करता हूं, कि मैं तुम्हें कोई आत्मिक वरदान दूं जिस से तुम स्थिर हो जाओ"**(रोमियो 1:11)**। **फिलिप्पियों 3: 4–5** में पौलुस ने यह पुष्टि दोहराई।

3

रात की प्रार्थना

रात की प्रार्थना संक्रमण का समय है

बीच रात एक ऐसी समय होती है जब एक दिन दूसरे दिन में संक्रमण होता है और यही वह समय होता है यदि आप प्रार्थना करे, मैंने अधिकतर रात की प्रार्थनाओं में आध्यात्मिक परिवर्तन होते हुए देखे हैं। लेकिन रात में प्रार्थना करना बहुत कठिन होता है क्योंकि हम जानते हैं कि नींद हमारे शरीर के लिए बहुत ही जरूरी है। नींद की कमी शरीर के कई दुर्बलताओं का कारण बनती है। लेकिन मेरा मानना है कि उपवास के दौरान जिस प्रकार हम अपने भोजन का त्याग करते हैं, दशमांश देते हुए हम अपनी कड़ी मेहनत की कमाई का त्याग करते हैं, सेवकाई और प्रार्थना में हम अपने समय का भी बलिदान देते हैं इसी तरह, हमें अपने नींद को भी परमेश्वर को अर्पित करना सीखना होगा। बाइबल कहती है कि आधी रात को शोकपूर्ण घटनाएं होती है **अय्यूब 34:20**"*आधी रात को पल भर में वे मर जाते हैं, और प्रजा के लोग हिलाए जाते और जाते रहते हैं। और प्रतापी लोग बिना हाथ लगाए उठा लिए जाते हैं।*" परमेश्वर ने आधी रात को ही अपने मौत के दूत को भेज ताकि मिस्र के पहिलौठे को मार सकें; **निर्गमन 12:12**"*क्योंकि उस रात को मैं मिस्र देश के बीच में से हो कर जाऊंगा, और मिस्र देश के क्या मनुष्य क्या पशु, सब के पहिलौठों को मारूंगा; और मिस्र के सारे देवताओं को भी मैं दण्ड दूंगा; मैं तो यहोवा हूं।*" याकूब अपनी पत्नी और बच्चों के साथ लगभग बीस

साल बाद कनान वापस घर लौट रहा था । तब याकूब ने सेईर देश में, अर्थात एदोम देश में, अपने भाई एसाव के पास अपने आगे दूत भेज दिए। और उसने उन्हें यह आज्ञा दी, कि मेरे प्रभु एसाव से यों कहना; कि तेरा दास याकूब तुझ से यों कहता है, कि मैं लाबान के यहां परदेशी हो कर अब तक रहा; और मेरे पास गाय-बैल, गदहे, भेड़-बकरियां, और दास-दासियां है: सो मैं ने अपने प्रभु के पास इसलिये संदेशा भेजा है, कि तेरी अनुग्रह की दृष्टि मुझ पर हो। वे दूत याकूब के पास लौट के कहने लगे, हम तेरे भाई ऐसाव के पास गए थे, और वह भी तुझ से भेंट करने को चार सौ पुरूष संग लिये हुए चला आता है। तब याकूब निपट डर गया, और संकट में पड़ा: और यह सोच कर, अपने संग वालों के, और भेड़-बकरियों, और गाय-बैलों, और ऊंटो के भी अलग अलग दो दल कर लिये, याकूब ने इस स्थिति से निपटने के लिए पूरी रात प्रार्थना करने का फैसला किया। **उत्पत्ति 32:22-24**"*उसी रात को वह उठा और अपनी दोनों स्त्रियों, और दोनों लौंडियों, और ग्यारहों लड़कों को संग ले कर घाट से यब्बोक नदी के पार उतर गया। और उसने उन्हें उस नदी के पार उतार दिया वरन अपना सब कुछ पार उतार दिया। और याकूब आप अकेला रह गया; तब कोई पुरूष आकर पह फटने तक उससे मल्लयुद्ध करता रहा।*" याकूब आधी रात की प्रार्थना में ही परमेश्वर के दूत के साथ कुश्ती की और न केवल भय की स्थिति पर काबू पाया, बल्कि याकूब से इस्राएल में उसका संक्रमण भी हुआ। रात में इस प्रार्थना को यहूदी संस्कृति में शाम की प्रार्थना (अर्विथ या मारिव) कहा जाता है। **उत्पत्ति 32:28**"*उसने कहा तेरा नाम अब याकूब नहीं, परन्तु इस्राएल होगा, क्योंकि तू परमेश्वर से और मनुष्यों से भी युद्ध कर के प्रबल हुआ है।*" मैंने देखा है कि कई बार हम अपनी पूरी रात प्रार्थना के दौरान आध्यात्मिक रूप से प्रचारित होते हैं। यहूदी कानून, दिन में तीन बार प्रार्थना करना कर्तव्य बताता है: सुबह में, दोपहर में, और रात में। इन प्रार्थनाओं को सुबह की प्रार्थना (शचरित), दोपहर की प्रार्थना (मिनच), और शाम की प्रार्थना (अरविथ या मैथिव) कहा जाता है। ऐसा कहा जाता है कि दिन में तीन बार प्रार्थना करने का रिवाज मूल रूप से हमारे पितृसत्ता, अब्राहम, इसहाक और याकूब द्वारा पेश किया गया था। सुबह में अब्राहम ने, दोपहर में इसहाक ने और रात

में याकूब ने प्रार्थना का परिचय कराया।

रात महान आध्यात्मिक गतिविधि का समय है, अच्छाई और बुराई दोनों।

मध्यरात्रि को सबसे आध्यात्मिक सक्रिय अवधि के रूप में जाना जाता है। सपने, रहस्योद्‌घाटन, हमले, आत्मिक दुनिया से मुलाकात करने (दोनों स्वर्गदूतों और दुष्ट शक्तियां) अक्सर इसी समय में आते हैं। हर कोई इस समय में अक्सर गहरी नींद में होते है और चूंकि इस अवधि के दौरान हमारा शरीर कमजोर होता हैं, इससे आत्माओं को आसानी से शरीर में हेरफेर करने का मौका मिलता है। **मत्ती 13:24-25**"*उस ने उन्हें एक और दृष्टान्त दिया कि स्वर्ग का राज्य उस मनुष्य के समान है जिस ने अपने खेत में अच्छा बीज बोया। पर जब लोग सो रहे थे तो उसका बैरी आकर गेहूं के बीच जंगली बीज बोकर चला गया।*" शत्रु रात में आता है, और तर्पण करता है। आधी रात आध्यात्मिक युद्‌ध का रात है। आत्मा के दायरे में होने वाली चीजें, भौतिक क्षेत्र को प्रभावित करती हैं। हमें जागने के लिए समय निकालना चाहिए, और प्रार्थना और अंतःक्रियाओं के द्‌वारा, हमारे मध्यवर्ग को नियंत्रित करना शुरू करना चाहिए क्योंकि यही वह जगह है जहाँ हमारे आध्यात्मिक युद्‌धक्षेत्र हैं। यदि हम प्राकृतिक क्षेत्र में महान विजय प्राप्त करना चाहते हैं, तो हमें पहले उन्हें आध्यात्मिक क्षेत्र में जीतना होगा। महान आपदाएं, आधी रात को आध्यात्मिक रूप से प्रभावित होती हैं। मध्यरात्रि वह समय है जब लोग आध्यात्मिक हमलों के लिए सबसे अधिक संवेदनशील होते हैं। यह वह समय होता है जब दुश्मन घेराबंदी करते हैं और साथ-साथ अपने दुश्मनों के शिविर पर एक घातक, आश्चर्यजनक हमला करने का समय भी हैं।

रात की प्रार्थनाएँ ऐसे द्‌वारे खोलती है जिन्हें अन्यथा खोलना असंभव है।

मसीह यीशु के सैनिकों के रूप में कभी-कभी हमें बंद दरवाजों को तोड़ने की जरूरत होती है, ये होता है जब हम रात में प्रार्थना करते हैं जैसा कि शिमशोन ने किया था **न्यायियों 16:3** परन्तु शिमशोन आधी रात तक पड़ा रह कर, आधी रात को उठ कर, उसने नगर के फाटक के

दोनों पल्लों और दोनों बाजुओं को पकड़कर बेंड़ों समेत उखाड़ लिया, और अपने कन्धों पर रखकर उन्हें उस पहाड़ की चोटी पर ले गया, जो हेब्रोन के साम्हने है॥ रात की प्रार्थनाओं के दौरान कई जंजीरें और बेड़ियाँ टूट जाती हैं **प्रेरितों के काम 16:25-26**"*आधी रात के लगभग पौलुस और सीलास प्रार्थना करते हुए परमेश्वर के भजन गा रहे थे, और बन्धुए उन की सुन रहे थे। कि इतने में एकाएक बड़ा भुईडोल हुआ, यहां तक कि बन्दीगृह की नेव हिल गईं, और तुरन्त सब द्वार खुल गए; और सब के बन्धन खुल पड़े।*" जब किसी को नंगा कर बहुत बुरी तरह से पीटा जाए तो वे गुणगान करना और प्रार्थना करना पसंद नहीं करेंगे। भले ही स्थितियां प्रतिकूल और दर्दनाक थे, परन्तु पौलुस और सिलास प्रार्थना करने और इतनी जोर से प्रशंसा करने का फैसला किये कि अन्य कैदियों ने उन्हें सुना। वे उस रात को गुजारने के लिए कुछ यादृच्छिक गीत नहीं गा रहे थे, लेकिन उनकी परमेश्वर को प्रशंसा और स्तुति और प्रार्थना स्वर्ग में सुनी गई और परमेश्वर ने अपने दूत को भूकंप के प्रभाव से उन जेल के मजबूत दरवाजों को खोलने के लिए भेजा। जब जेल के दरवाजे तोड़े गए और अन्य कैदी भाग गए तो जेलर ने अपने कर्तव्य को पूरा न करने के कारण खुद को मारने की कोशिश की लेकिन पौलुस ने जेलर को रोक दिया क्योंकि इस अवसर पर परमेश्वर का इरादा उनके दासों का शारीरिक छुटकारा नहीं था, बल्कि जेलर और उनके परिवार की आध्यात्मिक छुटकारा है। भले ही जेल के दरवाजे तोड़ दिए गए थे लेकिन पौलुस और सिलास अभी भी जेल के कमरे के अंदर रुके हुए थे, यह हमें बताता है कि परमेश्वर की प्रार्थना और स्तुति करने का उनका उद्देश्य क्या था , वे दोनो जेल से छूटने के लिये परमेश्वर की स्तुति और प्रार्थना नहीं कर रहे थे बल्कि पूरे मन से ख़ुदावन्द को महिमा अर्पण कर रहे थे। हमें अपना हिस्सा करना चाहिए और परमेश्वर अपना करना जानते है। रात की प्रार्थनाओं को कलीसियाएँ को भी अभ्यास करनी चाहिए क्योंकि जब एक कलीसिया पूरी रात प्रार्थना करता है तो कई अलौकिक सफलताएं प्राप्त होती है।। **प्रेरितों के काम 12:5-11**"*सो बन्दीगृह में पतरस की रखवाली हो रही थी; परन्तु कलीसिया उसके लिये लौ लगाकर परमेश्वर से प्रार्थना कर रही थी। और जब हेरोदेस उसे उन*

के साम्हने लाने को था, तो उसी रात पतरस दो जंजीरों से बन्धा हुआ, दो सिपाहियों के बीच में सो रहा था: और पहरूए द्वार पर बन्दीगृह की रखवाली कर रहे थे। तो देखो, प्रभु का एक स्वर्गदूत आ खड़ा हुआ: और उस कोठरी में ज्योति चमकी: और उस ने पतरस की पसली पर हाथ मार के उसे जगाया, और कहा; उठ, फुरती कर, और उसके हाथ से जंजीरें खुलकर गिर पड़ीं। तब स्वर्गदूत ने उस से कहा; कमर बान्ध, और अपने जूते पहिन ले: उस ने वैसा ही किया, फिर उस ने उस से कहा; अपना वस्त्र पहिनकर मेरे पीछे हो ले। वह निकलकर उसके पीछे हो लिया; परन्तु यह न जानता था, कि जो कुछ स्वर्गदूत कर रहा है, वह सचमुच है, वरन यह समझा, कि मैं दर्शन देख रहा हूं। तब वे पहिल और दूसरे पहरे से निकलकर उस लोहे के फाटक पर पहुंचे, जो नगर की ओर है; वह उन के लिये आप से आप खुल गया: और वे निकलकर एक ही गली होकर गए, इतने में स्वर्गदूत उसे छोड़कर चला गया। तब पतरस ने सचेत होकर कहा; अब मैं ने सच जान लिया कि प्रभु ने अपना स्वर्गदूत भेजकर मुझे हेरोदेस के हाथ से छुड़ा लिया, और यहूदियों की सारी आशा तोड़ दी।" नया नियम के कलीसिया के पास्टर पतरस जेल में थे। जेल से पतरस को मुक्त करने के लिए कलीसिया के विश्वासियों ने दिन और रात प्रार्थना किए। पतरस को इस बारे में पता नहीं था लेकिन कलीसिया पूरी रात प्रार्थना में कुश्ती कर रहा था और परमेश्वर ने कलीसिया की प्रार्थना सुनी और पतरस के बचाव के लिए अपने दूत को भेजा। एक कलीसिया के रूप में, हमें भी अपने नेताओं और राष्ट्रों और अपने प्रियजनों के लिए पूरी रात प्रार्थना करने की इस प्रथा को अपनाना होगा।

रात में प्रार्थना करने का हमारा बलिदान बिना कोई ईनाम के नहीं जाएगा।

परमेश्वर हमारे द्वारा किए गए बलिदानों के माध्यम से हमारी बेक़रारी को देखते हैं। **विलापगीत 2:19**"*रात के हर पहर के आरम्भ में उठ कर चिल्लाया कर! प्रभु के सम्मुख अपने मन की बातों को धारा की नाईं उण्डेल! तेरे बाल-बच्चे जो हर एक सड़क के सिरे पर भूख के कारण मूर्च्छित हो रहे हैं, उनके प्राण के निमित्त अपने हाथ उसकी ओर फैला।*" यह ध्यान रखना महत्वपूर्ण है कि प्रार्थना के लिए आधी रात को जागना

एक ईसाई के लिए एक महान बलिदान है! उस कठिन परिस्थिति से अपने तरीके से प्रार्थना करने के लिए। और यही कारण है कि शैतान आनन्दित होता है कुछ कमजोर विश्वासियों के लिए जो रात में जागकर प्रार्थना नहीं कर सकते हैं! रात में तस्करी, नाइट क्लब, वेश्यावृत्ति, हत्या, तमाम तरह की तस्करी आदि जैसी कई आध्यात्मिक गतिविधियाँ होती हैं, यहाँ तक कि कई लोगों पर आधी रात को हार्ट स्ट्रोक(heart stroke), लकवा जैसी कई बीमारियों का हमला होता है। रात के महामारियाँ होते हैं जिनके बारे में बाइबल बात करती है। **भजन संहिता 91:6**"*न उस मरी से जो अन्धेरे में फैलती है।।*" दाऊद, वह व्यक्ति है जो अपने पूरे जीवन में एक भी लड़ाई नहीं हारा, वह यह कहता है: **भजन संहिता 119:62**"*तेरे धर्ममय नियमों के कारण मैं आधी रात को तेरा धन्यवाद करने को उठूंगा।*" आधी रात को दुष्ट घटनाएँ होते हैं लेकिन हम इसे बदल सकते हैं, हमें उठकर लड़ना चाहिए, हमें उठकर प्रार्थना करना चाहिए। यदि हम ऐसा करते हैं, तो हम अपने समाज और चर्चों पर बहुत प्रभाव डाल सकते हैं।

4

सहज प्रार्थना(छोटी प्रार्थना)

नहेमायाह की एक आदत थी सहज प्रार्थना। परमेश्वर से छोटी-छोटी याचिकाएँ या प्रार्थनाएँ करने की आदत उसे थी।

आदत एक दिन में नहीं बन सकती है। यदि आप बार-बार बिना असफल हुए किसी भी चीज को करते है तो वह एक आदत बन जाती है।

नहेमायाह की किताब में आठ बार हम पढ़ते है कि उसने सहज या छोटी प्रार्थनाएँ की ।

पहली बार:

नहेमायाह 2:1-7

"अर्तक्षत्र राजा के बीसवें वर्ष के नीसान नाम महीने में, जब उसके साम्हने दाखमधु था, तब मैं ने दाखमधु उठा कर राजा को दिया। इस से पहिले मैं उसके साम्हने कभी उदास न हुआ था। तब राजा ने मुझ से पूछा, तू तो रोगी नहीं है, फिर तेरा मुंह क्यों उतरा है? यह तो मन ही की उदासी होगी। तब मैं अत्यन्त डर गया। और राजा से कहा, राजा सदा जीवित रहे! जब वह नगर जिस में मेरे पुरखाओं की कबरें हैं, उजाड़ पड़ा है और उसके फाटक जले हुए हैं, तो मेरा मुंह क्यों न उतरे? राजा ने मुझ से पूछा, फिर तू क्या मांगता है? तब मैं ने स्वर्ग के परमेश्वर से प्रार्थना कर के, राजा से कहा; यदि राजा को भाए, और तू अपने दास से प्रसन्न

हो, तो मुझे यहूदा और मेरे पुरखाओं की कबरों के नगर को भेज, ताकि मैं उसे बनाऊं। तब राजा ने जिसके पास रानी भी बैठी थी, मुझ से पूछा, तू कितने दिन तक यात्रा में रहेगा? और कब लैटेगा? सो राजा मुझे भेजने को प्रसन्न हुआ; और मैं ने उसके लिये एक समय नियुक्त किया। फिर मैं ने राजा से कहा, यदि राजा को भाए, तो महानद के पार के अधिपतियों के लिये इस आशय की चिट्ठियां मुझे दी जाएं कि जब तक मैं यहूदा को न पहुंचूं, तब तक वे मुझे अपने अपने देश में से हो कर जाने दें।"

शाही पियाऊ का कार्यालय फारसी दरबार में बड़े सम्मान का स्थान था। राजा के सम्मुख हर दिन उपस्थित होने के नाते राजा को आराम प्रदान करना है। पियाऊ के बाएं हाथ में प्याली और दाहिने हाथ में विभाजित ताड़ के पत्तों से बना एक फ्लाई-फ्लैप रहता था। पियाऊ के बाएं कंधे पर अमीर कशीदाकारी और तराशा हुआ एक लंबा नैपकिन रहता था, जिससे राजा अपने होठों को पोंछते थे। नहेमायाह कबूल करता है कि वह पहले कभी दुखी नहीं था लेकिन उसके लोगों का दुःख इतना गहरा था जो उसके चेहरे पर दिख रहा था। राजा की उपस्थिति में व्यक्ति को हमेशा मुस्कुराते रहना चाहिए और खुश रहना चाहिए क्योंकि नेहेम्याह राजा के सामने दुःखी था तो उस पर एहसान के बदले उस मार डालना चाहिए था, लेकिन नहेमायाह पर राजा के एहसान को लाने वाली उसकी सहज प्रार्थना की आदत थी ।

दूसरी बारः

नहेमायाह 4:1-7

"जब सम्बल्लत ने सुना कि यहूदी लोग शहरपनाह को बना रहे हैं, तब उसने बुरा माना, और बहुत रिसियाकर यहूदियों को ठट्ठों में उड़ाने लगा। वह अपने भाइयों के और शोमरोन की सेना के साम्हने यों कहने लगा, वे निर्बल यहूदी क्या किया चाहते हैं? क्या वे वह काम अपने बल से करेंगे? क्या वे अपना स्थान दृढ़ करेंगे? क्या वे यज्ञ करेंगे? क्या वे आज ही सब काम निपटा डालेंगे? क्या वे मिट्टी के ढेरों में के जले हुए पत्थरों को फिर नये सिरे से बनाएंगे? उसके पास तो अम्मोनी तोबियाह था, और वह कहने लगा, जो कुछ वे बना रहे हैं, यदि कोई गीदड़ भी उस पर चढ़े, तो वह उनकी बनाई हुई पत्थर की शहरपनाह को तोड़ देगा।

हे हमारे परमेश्वर सुन ले, कि हमारा अपमान हो रहा है; और उनका किया हुआ अपमान उन्हीं के सिर पर लौटा दे, और उन्हें बन्धुआई के देश में लुटवा दे। और उनका अधर्म तू न ढांप, और न उनका पाप तेरे सम्मुख से मिटाया जाए; क्योंकि उन्होंने तुझे शहरपनाह बनाने वालों के साम्हने क्रोध दिलाया है। और हम लोगों ने शहरपनाह को बनाया; और सारी शहरपनाह आधी ऊंचाई तक जुड़ गई। क्योंकि लोगों का मन उस काम में नित लगा रहा। जब सम्बल्लत और तोबियाह और अरबियों, अम्मोनियों और अशदोदियों ने सुना, कि यरूशलेम की शहरपनाह की मरम्मत होती जाती है, और उस में के नाके बन्द होने लगे हैं, तब उन्होंने बहुत ही बुरा माना;"

तीसरी बार:

नहेमायाह 4:7-8

"जब सम्बल्लत और तोबियाह और अरबियों, अम्मोनियों और अशदोदियों ने सुना, कि यरूशलेम की शहरपनाह की मरम्मत होती जाती है, और उस में के नाके बन्द होने लगे हैं, तब उन्होंने बहुत ही बुरा माना; और सभों ने एक मन से गोष्ठी की, कि जा कर यरूशलेम से लड़ें, और उस में गड़बड़ी डालें।"

यहूदियों से लड़ने के लिए वास्तविक युद्ध की तैयारी की गई थी, लेकिन उनकी सहज प्रार्थना के माध्यम से युद्ध का खतरा टल गया। हमारी प्रार्थनाओं में युद्धों को रोकने की शक्ति है।

चौथी बार:

नहेमायाह 5:17-19

"फिर मेरी मेज पर खाने वाले एक सौ पचास यहूदी और हाकिम और वे भी थे, जो चारों ओर की अन्यजातियों में से हमारे पास आए थे। और जो प्रतिदिन के लिये तैयार किया जाता था वह एक बैल, छः अच्छी अच्छी भेड़ें व बकरियां थीं, और मेरे लिये चिड़ियें भी तैयार की जाती थीं; दस दस दिन के बाद भांति भांति का बहुत दाखमधु भी तैयार किया जाता था; परन्तु तौभी मैं ने अधिपति के हक का भोज नहीं लिया, क्योंकि काम का भार प्रजा पर भारी था। हे मेरे परमेश्वर! जो कुछ मैं ने इस प्रजा के लिये किया है, उसे तू मेरे हित के लिये स्मरण रख।"

नहेमायाह के दैनिक भोजन का खर्चे में एक बैल और छह भेड़ें शामिल थीं, इसके अलावा अस्थिर मात्रा में पीने की वस्तुयें । वार्षिक रूप से, अकेले बैलों और भेड़ों को ख़रीदने में बहुत सारा खर्चा होगा। 12 वर्षों में, यह लाखों में होगा। यह एक गरीब आदमी के बस का बात नहीं है, क्योंकि ना तो नहेमायाह बहुत धनी था और ना ही उसे उस अर्तक्षत्र से एक बड़ी राशि प्राप्त हुई, जिसने उसे परमेश्वर के शहर की मरम्मत के लिए यरूशलेम आने की अनुमति दी थी। इस तरह की परियोजनाएँ यदि परमेश्वर द्वारा दी गई हैं, तो परमेश्वर ही उसको पूरा करने के लिए धनराशि भी प्रधान करेंगे। जो परमेश्वर के योजनाओं में चलते है उनको परमेश्वर ही मदद करते है। **फिलिप्पियों 4:19**"*और मेरा परमेश्वर भी अपने उस धन के अनुसार जो महिमा सहित मसीह यीशु में है तुम्हारी हर एक घटी को पूरी करेगा।*"

पांचवा बार:

नहेमायाह 6:1-15

"*जब सम्बल्लत, तोबियाह और अरबी गेशेम और हमारे और शत्रुओं को यह समाचार मिला, कि मैं शहरपनाह को बनवा चुका; और यद्यपि उस समय तक भी मैं फाटकों में पल्ले न लगा चुका था, तौभी शहरपनाह में कोई दरार न रह गया था। तब सम्बल्लत और गेशेम ने मेरे पास यों कहला भेजा, कि आ, हम ओनो के मैदान के किसी गांव में एक दूसरे से भेंट करें। परन्तु वे मेरी हानि करने की इच्छा करते थे। परन्तु मैं ने उनके पास दूतों से कहला भेजा, कि मैं तो भारी काम में लगा हूँ, वहां नहीं जा सकता; मेरे इसे छोड़ कर तुम्हारे पास जाने से वह काम क्यों बन्द रहे? फिर उन्होंने चार बार मेरे पास वैसी ही बात कहला भेजी, और मैं ने उन को वैसा ही उत्तर दिया। तब पांचवी बार सम्बल्लत ने अपने सेवक को खुली हुई चिट्ठी देकर मेरे पास भेजा, जिस में यों लिखा था, कि जाति जाति के लोगों में यह कहा जाता है, और गेशेम भी यही बात कहता है, कि तुम्हारी और यहूदियों की मनसा बलवा करने की है, और इस कारण तू उस शहरपनाह को बनवाता है; और तू इन बातों के अनुसार उनका राजा बनना चाहता है। और तू ने यरूशलेम में नबी ठहराए हैं, जो यह कह कर तेरे विषय प्रचार करें, कि यहूदियों में एक राजा है। अब ऐसा ही समाचार*

राजा को दिया जाएगा। इसलिये अब आ, हम एक साथ सम्मति करें। तब मैं ने उसके पास कहला भेजा कि जैसा तू कहता है, वैसा तो कुछ भी नहीं हुआ, तू ये बातें अपने मन से गढ़ता है। वे सब लोग यह सोच कर हमें डराना चाहते थे, कि उनके हाथ ढीले पड़ें, और काम बन्द हो जाए। परन्तु अब हे परमेश्वर तू मुझे हियाव दे।और मैं शमायाह के घर में गया, जो दलायाह का पुत्र और महेतबेल का पोता था, वह तो बन्द घर में था; उसने कहा, आ, हम परमेश्वर के भवन अर्थात मन्दिर के भीतर आपस में भेंट करें, और मन्दिर के द्वार बन्द करें; क्योंकि वे लोग तुझे घात करने आएंगे, रात ही को वे तुझे घात करने आएंगे। परन्तु मैं ने कहा, क्या मुझ ऐसा मनुष्य भागे? और तुझ ऐसा कौन है जो अपना प्राण बचाने को मन्दिर में घुसे? मैं नहीं जाने का। फिर मैं ने जान लिया कि वह परमेश्वर का भेजा नहीं है परन्तु उसने हर बात ईश्वर का वचन कहकर मेरी हानि के लिये कही, क्योंकि तोबियाह और सम्बल्लत ने उसे रुपया दे रखा था। उन्होंने उसे इस कारण रुपया दे रखा था कि मैं डर जाऊं, और वैसा ही काम कर के पापी ठहरूं, और उन को अपवाद लगाने का अवसर मिले और वे मेरी नामधराई कर सकें। हे मेरे परमेश्वर! तोबियाह, सम्बल्लत, और नोअद्याह, नबिया और और जितने नबी मुझे डराना चाहते थे, उन सब के ऐसे ऐसे कामों की सुधि रख। एलूल महीने के पच्चीसवें दिन को अर्थात बावन दिन के भीतर शहरपनाह बन चुकी।"

नहेमायाह के दुश्मनों ने ओनो के मैदान में उनके साथ किसी गाँव में मिलने के लिए कहे, उन्होंने उनकी हत्या करके काम रोकने की सोच ली, लेकिन वह काफी बुद्धिमानी से यह कह दी कि "ओ नहीं।" उसने अपने जाने के बजाय दूत भेजे, जिन्होंने उन्हें यह समझाया कि वह आने में बहुत व्यस्त है **(नहेमायाह 6: 3)**। दुश्मनों ने एक ही प्रस्ताव चार बार रखे, फिर एक पत्र भी भेजे **(नहेमायाह 6: 4-5)**, लेकिन वे हर बार अस्वीकार किये गये। नहेमायाह, परमेश्वर के सच्चे व्यक्ति की तरह, हर मुसीबत में प्रार्थना करता था; और परमेश्वर ने विश्वास के सभी पुरुषों को देने के जैसे ही उसे भी सभी प्रार्थनाओं का उत्तर दिये।

छठा बार:

नहेमायाह 13:10-14

"फिर मुझे मालूम हुआ कि लेवियों का भाग उन्हें नहीं दिया गया है; और इस कारण काम करने वाले लेवीय और गवैये अपने अपने खेत को भाग गए हैं। तब मैं ने हाकिमों को डांटकर कहा, परमेश्वर का भवन क्यों त्यागा गया है? फिर मैं ने उन को इकट्ठा कर के, एक एक को उसके स्थान पर नियुक्त किया। तब से सब यहूदी अनाज, नये दाखमधु और टटके तेल के दशमांश भण्डारों में लाने लगे। और मैं ने भण्डारों के अधिकारी शेलेम्याह याजक और सादोक मुंशी को, और लेवियों में से पदायाह को, और उनके नीचे हानान को, जो मत्तन्याह का पोता और जक्कूर का पुत्र था, नियुक्त किया; वे तो विश्वासयोग्य गिने जाते थे, और अपने भाइयों के मध्य बांटना उनका काम था। हे मेरे परमेश्वर! मेरा यह काम मेरे हित के लिये स्मरण रख, और जो जो सुकर्म मैं ने अपने परमेश्वर के भवन और उस में की आराधना के विषय किए हैं उन्हे मिटा न डाल।"

सातवाँ बार:

नहेमायाह 13:22

"तब मैं ने लेवियों को आज्ञा दी, कि अपने अपने को शुद्ध कर के फाटकों की रखवाली करने के लिये आया करो, ताकि विश्रामदिन पवित्र माना जाए। हे मेरे परमेश्वर! मेरे हित के लिये यह भी स्मरण रख और अपनी बड़ी करुणा के अनुसार मुझ पर तरस खा।"

आठवाँ बार:

नहेमायाह 13:23-29

"फिर उन्हीं दिनों में मुझ को ऐसे यहूदी दिखाई पड़े, जिन्होंने अशदोदी, अम्मोनी और मोआबी स्त्रियां ब्याह ली थीं। और उनके लड़केबालों की आधी बोली अशदोदी थी, और वे यहूदी बोली न बोल सकते थे, दोनों जाति की बोली बोलते थे। तब मैं ने उन को डांटा और कोसा, और उन में से कितनों को पिटवा दिया और उनके बाल नुचवाए; और उन को परमेश्वर की यह शपथ खिलाई, कि हम अपनी बेटियां उनके बेटों के साथ ब्याह में न देंगे और न अपने लिये वा अपने बेटों के लिये उनकी बेटियां ब्याह में लेंगे। क्या इस्राएल का राजा सुलैमान इसी प्रकार के पाप में न फंसा था? बहुतेरी जातियों में उसके तुल्य कोई राजा नहीं

हुआ, और वह अपने परमेश्वर का प्रिय भी था, और परमेश्वर ने उसे सारे इस्राएल के ऊपर राजा नियुक्त किया; परन्तु उसको भी अन्यजाति स्त्रियों ने पाप में फंसाया। तो क्या हम तुम्हारी सुनकर, ऐसी बड़ी बुराई करें कि अन्यजाति की स्त्रियां ब्याह कर अपने परमेश्वर के विरुद्ध पाप करें? और एल्याशीब महायाजक के पुत्र योयादा का एक पुत्र, होरोनी सम्बल्लत का दामाद था, इसलिये मैं ने उसको अपने पास से भगा दिया। हे मेरे परमेश्वर उनकी हानि के लिये याजकपद और याजकों ओर लेवियों की वाचा का तोड़ा जाना स्मरण रख।"

पवित्रशास्त्र में कई किताबें अभिवादन, प्रशंसा, भविष्यवाणी या इतिहास में समाप्त होती हैं, लेकिन केवल नहेमायाह और विलाप की पुस्तक , प्रार्थना के साथ समाप्त होते हैं। नहेमायाह की अपने अनुभवों के अंत में एक छोटी प्रार्थना डालने की आदत उसके ईश्वरीय स्वभाव को दर्शाती है। नहेमायाह हर समय यहाँ तक कि दूसरों के साथ बात करते वक्त भी प्रार्थना करता था। दीवारों के निर्माण का सात गुना विरोध हुआ जिसमें था **1.** गुस्सा (नहेमायाह 4: 1) **2.** उपहास (नहेमायाह 4: 1-3) **3.** षड्यंत्र और युद्ध (नहेमायाह 4: 7-8) **4.** लगातार धमकी (नेह्याह 4:10) -23) **5.** शिल्पकला (नहेमायाह 6: 1-4) **6.** आरोप (नहेमायाह 6: 5-9) **7.** विश्वासघात (नहेमायाह 6: 10-14)। लेकिन नहेमायाह ने अपनी सहज प्रार्थनाओं के द्वारा परमेश्वर की मदद से सब पर काबू पा लिया। और यह ठीक उसी तरह की प्रार्थना है जैसा कि परमेश्वर के प्रत्येक सच्चे सेवक को प्रार्थना करने की आवश्यकता है।

परमेश्वर के जनों के द्वारा किये गए सहज या छोटी प्रार्थनाओं का उदाहरण हम वचनों में कई सारे देखते हैं: अब्राहम के सेवक की सहज प्रार्थना, क्योंकि वह इसहाक के लिए दुल्हन खोजने गया था और अब्राहम को अपने बेटे इसहाक के लिए एक पत्नी की आवश्यकता थी, लेकिन वह कनान से एक लड़की नहीं चाहता था **(उत्पत्ति 24: 3; 27:46; 28: 1-9; 34)** । अब्राहम ने इस सबसे महत्वपूर्ण कार्य को अपने वफादार सेवक एलीएजेर को सौपा। एलीएजेर एक वफादार और भरोसेमंद व्यक्ति था **(उत्पत्ति 24: 2; 15: 2)**, वह बुद्धिमान और आज्ञाकारी था **(उत्पत्ति 24: 2-11)**। वह एक ऐसा व्यक्ति था जो ईश्वर

से परिचित था **(उत्पत्ति 24: 12-14)**, एलीएजेर एक बुद्धिमान और विनम्र व्यक्ति था **(उत्पत्ति 24: 17-25)**, वह परमेश्वर का उपासक था **(उत्पत्ति 24: 26-27)** धीरजवंत और विश्वास करने वाला स्वभाव का व्यक्ति था **(उत्पत्ति 24: 28-30)**। एलीएजेर व्यवसाय में निस्वार्थ और मेहनती था **(उत्पत्ति 24: 31-49)** और प्रभावशाली और जीतने वाला भी **(उत्पत्ति 24: 50-58)**। वह सफल था और सच्चा स्वभाव का व्यक्ति था **(उत्पत्ति 24: 59-67)**। एलीएजेर की सबसे बड़ी खूबी यह थी कि वह प्रार्थना के महत्व को जानता था, **उत्पत्ति 24:14-16**"*सो ऐसा होने दे, कि जिस कन्या से मैं कहूं, कि अपना घड़ा मेरी ओर झुका, कि मैं पीऊं; और वह कहे, कि ले, पी ले, पीछे मैं तेरे ऊंटो को भी पीलाऊंगी: सो वही हो जिसे तू ने अपने दास इसहाक के लिये ठहराया हो; इसी रीति मैं जान लूंगा कि तू ने मेरे स्वामी पर करूणा की है।और ऐसा हुआ कि जब वह कह ही रहा था कि रिबका, जो इब्राहीम के भाई नाहोर के जन्माये मिल्का के पुत्र, बतूएल की बेटी थी, वह कन्धे पर घड़ा लिये हुए आई। वह अति सुन्दर, और कुमारी थी, और किसी पुरूष का मुंह न देखा था: वह कुएं में सोते के पास उतर गई, और अपना घड़ा भर के फिर ऊपर आई।*" हम यहाँ सीखते हैं कि एलीएजेर सफलता चाहता था और वह सफलता का सूत्र जानता था, प्रार्थना! उसने तुरन्त एक संकेत के लिए प्रार्थना की और तुरंत उसकी प्रार्थना का जवाब रेबेका की उपस्थिति के द्वारा मिल गया। एलीएजेर की इस सहज प्रार्थना ने बाइबिल में एक प्रमुख घटना को पूरा किया जिसमें प्रभु यीशु की वंशावली जारी रही।

हमारे पास हर दिन सहज प्रार्थना(छोटी प्रार्थना) के लिए अनगिनत अवसर होते हैं: प्रत्येक फोन कॉल से पहले, बस एक दरवाजा खटखटाने से पहले, जब हम निर्णय लेते हैं, जब हम एक आहत व्यक्ति को देखते हैं, या जब हम एक व्यक्ति को एक सुसमाचार के साथ संपर्क करते हैं।

नहेमायाह जानता था कि परमेश्वर हमेशा प्रभारी है, हमेशा मौजूद है, और हर प्रार्थना को सुनता है और उसका जवाब देता है।

प्रार्थना को हालांकि संरचित नहीं होना चाहिए; कभी-कभी आप बस परमेश्वर से बात कर सकते हैं और उसे बता सकते हैं कि आपके मन में क्या है। इस प्रकार की प्रार्थना का लाभ यह है कि यह आपके और

परमेश्वर के बीच एक सक्रिय संबंध को सुगम बनाता है और जो कुछ भी आप कर रहे हैं उसमें परमेश्वर का आशीष लाती है। परमेश्वर के लिए कोई भी प्रार्थना छोटी नहीं है, परमेश्वर के लिए हर प्रार्थना महत्वपूर्ण है।

नहेमायाह विश्वासपूर्वक दिन भर प्रार्थना कर सकता था क्योंकि उसने विस्तारित प्रार्थना के समय परमेश्वर के साथ एक अंतरंग संबंध स्थापित किया था (नहेमायाह 1: 4-7)।

आप केवल एक विस्तारित प्रार्थना के माध्यम से परमेश्वर के साथ एक अच्छा रिश्ता बना सकते हैं। यदि हम अपनी आपातकालीन प्रार्थनाओं के साथ परमेश्वर तक पहुंचना चाहते हैं, तो हमें समय के साथ-साथ गहराई से भी परमेश्वर के साथ मजबूत संबंध बनाने के लिए समय निकालने की आवश्यकता है।

प्रार्थना में हमारी निरंतरता की कमी, सहज प्रार्थना में निरंतरता की कमी की ओर ले जाती है। हमें प्रतिदिन परमेश्वर के ऊपर विश्वास करने की आदत होनी चाहिए। जब हम देखते हैं कि प्रभु यीशु के जीवन में प्रार्थना करना उसकी दैनिक आदत थी, तो लोग चारों ओर तलाश कर रहे थे, लेकिन वे एक एकांत स्थान में प्रार्थना करते हुए पाये गये। मरकुस 1:35-36 "और भोर को दिन निकलने से बहुत पहिले, वह उठकर निकला, और एक जंगली स्थान में गया और वहां प्रार्थना करने लगा।तब शमौन और उसके साथी उस की खोज में गए।"

कुछ भी मुश्किल नहीं है, केवल हमें एक आदत पर ध्यान केंद्रित करने और विकसित करने की आवश्यकता है। जीवन की परिस्थितियाँ रोज बदलती हैं। बहुत ही कम समय में चीजें अच्छे से बुरे और बुरे से खराब हो सकती हैं। स्वभाव और संभावित आशीर्वाद के लिए परमेश्वर हमें अपने चिंताओं को उनके पास लाने के लिए कहते हैं। वह हमें अपनी खुशियाँ साझा करने के लिए भी बुलाते है। **यिर्मयाह 33:3***"मुझ से प्रार्थना कर और मैं तेरी सुन कर तुझे बढ़ी-बड़ी और कठिन बातें बताऊंगा जिन्हें तू अभी नहीं समझता।"* परमेश्वर चाहता है कि हम उन्हें पुकारें ताकि वह हमारी प्रार्थनाओं का उत्तर दे सके। वह हमारे साथ अविश्वसनीय आशीषों को साझा करना चाहता है जिसे हमने बिना प्रार्थना किये खो दिए थे। और अंत में, **याकूब 4: 8** *"हमें बताता है कि "परमेश्वर के निकट आएँगे,*

और वह तुम्हारे निकट आएगा।" परमेश्वर चाहते है कि हम हर समय उनके करीब रहें।

5

अन्य भाषाओं में प्रार्थना

अन्य भाषाओं में प्रार्थना करना एक ऐसा विषय है जिसे कलीसिया में सबसे अधिक गलत समझा गया है। इस अध्याय में, हम अन्य भाषाओं में प्रार्थना करने के महत्व का अध्ययन करेंगे। स्वर्ग जाने से पहले प्रभु यीशु ने अपने शिष्यों को कुछ निर्देश दिए थे **प्रेरितों के काम 1:4**"*और उन से मिलकर उन्हें आज्ञा दी, कि यरूशलेम को न छोड़ो, परन्तु पिता की उस प्रतिज्ञा के पूरे होने की बाट जोहते रहो, जिस की चर्चा तुम मुझ से सुन चुके हो।*"

लूका 24:49"*और देखो, जिस की प्रतिज्ञा मेरे पिता ने की है, मैं उस को तुम पर उतारूंगा और जब तक स्वर्ग से सामर्थ न पाओ, तब तक तुम इसी नगर में ठहरे रहो॥*" यहाँ "स्वर्ग से सामर्थ न पाओ" शब्दों पर ध्यान दें ।जो निर्देश शिष्यों को प्रभु से प्राप्त हुए थे, वे "टेरीं या इंतजार" थे, जिसका अर्थ है बैठना या बसना। राज्य के विस्तार का भविष्य का काम एक बड़ा काम था और मनुष्य अपनी शक्ति से ऐसा नहीं कर सकते थे, उन्हें उच्च से शक्ति की आवश्यकता थी। यह एक महत्वपूर्ण बात है जिसे हमें सीखना चाहिए कि मनुष्य परमेश्वर की शक्ति को प्राप्त करने के लिए कुछ भी नहीं कर सकता है; यह परमेश्वर की कृपा मात्र है जो मनुष्य को यह शक्ति प्रदान करती है। इसलिए इस वचन के लिए ऊपरी

कक्ष में 50 दिनों तक प्रभु यीशु के 120 चेले इंतजार करते रहे।

डुनामिस और एक्सोशिया

"*शक्ति*" शब्द के लिए ग्रीक में दो शब्द हैं। पहला वन डुनामिस है और दूसरा एक्सोशिया है। डुनामिस, निहित शक्ति यानि खुद को पुनः उत्पन्न करने की शक्ति - जिससे हमें अंग्रेजी शब्द "*डायनेमो*" मिलती है। यह शक्ति का स्रोत यह स्वयं है। इसका अर्थ है कि यह वह शक्ति है जो किसी अन्य स्रोत पर निर्भर नहीं होती है "एक्सोशिया" आदेश के माध्यम से स्थितीय शक्ति है। प्रभु यीशु ने कहा कि जब पवित्र आत्मा हम पर आएगा तो हमारे पास उच्च से शक्ति होगी। **प्रेरितों के काम 1:8**"*परन्तु जब पवित्र आत्मा तुम पर आएगा तब तुम सामर्थ (डनामिस) पाओगे; और यरूशलेम और सारे यहूदिया और सामरिया में, और पृथ्वी की छोर तक मेरे गवाह होगे।*"

(1) अपोडिक्सी(APODEIXI)

अपोडिक्सी का अर्थ ग्रीक में "प्रमाण" है। अन्य भाषाएं इस बात का स्पष्ट प्रमाण थीं कि शिष्यों को पवित्र आत्मा प्राप्त हुई । पवित्र आत्मा अन्य भाषा नहीं है, लेकिन पवित्र आत्मा और अन्य भाषाओं में बोलना एक साथ चलता है। पेंटेकोस्ट से लगभग आठ साल बाद, फिलेप्पुस सामरिया में जाता है और सामरी लोगों को परमेश्वर का वचन सुनाता है **प्रेरितों के काम 8:5-8**"*और फिलेप्पुस सामरिया नगर में जाकर लोगों में मसीह का प्रचार करने लगा। और जो बातें फिलेप्पुस ने कहीं उन्हें लोगों ने सुनकर और जो चिन्ह वह दिखाता था उन्हें देख देखकर, एक चित्त होकर मन लगाया। क्योंकि बहुतोंमें से अशुद्ध आत्माएं बड़े शब्द से चिल्लाती हुई निकल गई, और बहुत से झोले के मारे हुए और लंगडे भी अच्छे किए गए। और उस नगर में बड़ा आनन्द हुआ॥*" नए जन्म के दौरान पवित्र आत्मा दृढ़ विश्वास की प्रमुख भूमिका निभाते है, लेकिन इसे पवित्र आत्मा प्राप्त करना नहीं कहा जाता है, बल्कि इसे फिर से जन्म लेना या अनन्त जीवन प्राप्त करना कहा जाता है। मोक्ष के बाद एक और अनुभव होता है, जिसे प्राप्त करना, या पवित्र आत्मा से भरा होना कहा जाता है। सामरिया में फिलेप्पुस के सेवकाई के परिणाम को यरूशलेम में प्रेरित के पास भेजा गया था, फिर उन्होंने पतरस और

यूहन्ना को नए परिवर्तित लोगों पर हाथ रखने के लिए भेजा गया ताकि उन्हें पवित्र आत्मा प्राप्त हो सके **प्रेरितों के काम 8:14-17** *"जब प्रेरितों ने जो यरूशलेम में थे सुना कि सामरियों ने परमेश्वर का वचन मान लिया है तो पतरस और यूहन्ना को उन के पास भेजा। और उन्होंने जाकर उन के लिये प्रार्थना की कि पवित्र आत्मा पाएं। क्योंकि वह अब तक उन में से किसी पर न उतरा था, उन्होंने तो केवल प्रभु यीशु में नाम में बपतिस्मा लिया था। तब उन्हों ने उन पर हाथ रखे और उन्होंने पवित्र आत्मा पाया।"* फिर से हम देखते हैं **प्रेरितों के काम 8:18-19***"जब शमौन ने देखा कि प्रेरितों के हाथ रखने से पवित्र आत्मा दिया जाता है, तो उन के पास रूपये लाकर कहा। कि यह अधिकार मुझे भी दो, कि जिस किसी पर हाथ रखूं, वह पवित्र आत्मा पाए।"* ध्यान दीजिए वचन कहता है "जब साइमन ने देखा", आप पवित्र आत्मा को नहीं देख सकते। वह एक आत्मा है और भौतिक आंखों से नहीं देखा जा सकता है। कुछ शारीरिक संकेत होना चाहिए जिससे साइमन को पता चला कि विश्वासियों को पवित्र आत्मा प्राप्त हुआ है -जिससे पंजीकृत करेगा। प्रकट संकेत अन्य भाषाएं बोलना है। अन्य भाषाओं में बोलना परमेश्वर द्वारा विश्वासियों को दी गई अलौकिक भाषा है, यह परमेश्वर की आत्मा और उसके राज्य की भाषा है **प्रेरितों के काम 2:4***"और वे सब पवित्र आत्मा से भर गए, और जिस प्रकार आत्मा ने उन्हें बोलने की सामर्थ दी, वे अन्य भाषा बोलने लगे॥"* हम पवित्र आत्मा से भरे है इसका आश्वासन तब मिलता है जब हम अन्य भाषाओं में बात करते है। यह ये भी पुष्टि करती है कि एक व्यक्ति पवित्र आत्मा में बपतिस्मा पाया है **प्रेरितों के काम 2: 4** से हम सीखते हैं कि यह अलौकिक प्रमाण है कि पवित्र आत्मा हम में बसता है। आरंभिक के कलीसिया ने सोचा था कि पवित्र आत्मा में बपतिस्मा पाना केवल यहूदियों के लिए है, लेकिन जब प्रेरित को यह देखकर बड़ा आश्चर्य हुआ कि कुरनेलियुस के घर में पहले अन्यजाती भी पवित्र आत्मा से भरे और सबूत यह था कि सभी अन्य भाषाएं में बात कर रहे थे **प्रेरितों के काम 10:46***"क्योंकि उन्होंने उन्हें भांति भांति की भाषा बोलते और परमेश्वर की बड़ाई करते सुना।"* अन्य भाषाओं में बोलना अलौकिक संकेत था जो उन्हें आश्वस्त करता था कि अन्यजातियों को

यहूदियों के समान उपहार मिला।

(2) हलाल (HALLAL)

हलाल का अर्थ हिब्रू में स्तुति है। बाइबिल कहती है, प्रभु के शक्तिशाली कृत्यों का उच्चारण कौन कर सकता है? उसकी सारी प्रशंसा कौन कर सकता है? **(भजन संहिता 106:2)** इस शास्त्र में पूछा गया है कि उतनी स्तुति देने में कौन सक्षम है जितनी स्तुति के परमेश्वर हकदार है? जब हम अन्य भाषाएं में बोलते हैं तो हम पवित्र आत्मा को अपने होठों के माध्यम से परमेश्वर की स्तुति करने की अनुमति देते हैं जब पिन्तेकुस का दिन आया, तो वे सब एक जगह इकट्ठे थे। **प्रेरितों के काम 2:1-11**"*और एकाएक आकाश से बड़ी आंधी की सी सनसनाहट का शब्द हुआ, और उस से सारा घर जहां वे बैठे थे, गूंज गया। और उन्हें आग की सी जीभें फटती हुई दिखाई दीं; और उन में से हर एक पर आ ठहरीं। और वे सब पवित्र आत्मा से भर गए, और जिस प्रकार आत्मा ने उन्हें बोलने की सामर्थ दी, वे अन्य अन्य भाषा बोलने लगे॥ और आकाश के नीचे की हर एक जाति में से भक्त यहूदी यरूशलेम में रहते थे। जब वह शब्द हुआ तो भीड़ लग गई और लोग घबरा गए, क्योंकि हर एक को यही सुनाईं देता था, कि ये मेरी ही भाषा में बोल रहे हैं। और वे सब चकित और अचम्भित होकर कहने लगे; देखो, ये जो बोल रहे हैं क्या सब गलीली नहीं? तो फिर क्यों हम में से हर एक अपनी अपनी जन्म भूमि की भाषा सुनता है? हम जो पारथी और मेदी और एलामी लोग और मिसुपुतामिया और यहूदिया और कप्पदूकिया और पुन्तुस और आसिया। और फ्रूगिया और पमफूलिया और मिसर और लिबूआ देश जो कुरेने के आस पास है, इन सब देशों के रहने वाले और रोमी प्रवासी, क्या यहूदी क्या यहूदी मत धारण करने वाले, क्रेती और अरबी भी हैं। परन्तु अपनी अपनी भाषा में उन से परमेश्वर के बड़े बड़े कामों की चर्चा सुनते हैं।*"

(3) पिस्टिस (PISTIS)

पिस्टिस यानि ग्रीक में विश्वास है। **यहूदा 1:20**"*पर हे प्रियों तुम अपने अति पवित्र विश्वास में अपनी उन्नति करते हुए और पवित्र आत्मा में प्रार्थना करते हुए।*" पवित्र आत्मा में प्रार्थना करना अन्य भाषाओं में प्रार्थना है। जैसे-जैसे हम अन्य भाषाओं में प्रार्थना करते हैं, हमारा

विश्वास बढ़ता जाता है। बाइबल कहता है **इब्रानियों 11:6**"*और विश्वास बिना उसे प्रसन्न करना अनहोना है, क्योंकि परमेश्वर के पास आने वाले को विश्वास करना चाहिए, कि वह है; और अपने खोजने वालों को प्रतिफल देता है।*" कोई ऐसे अलौकिक पवित्र विश्वास को कैसे प्राप्त कर सकता है जो परमेश्वर को प्रसन्न करता है। इसका जवाब अन्य भाषाओं में प्रार्थना है। जब हम अन्य भाषाओं में प्रार्थना करते हैं, तो पवित्र आत्मा हमारी आत्मा में अलौकिक विश्वास को भरता है और हमारे आंतरिक मनुष्य को मजबूत बनाता है। ईसाई जीवन में विश्वास एक महत्वपूर्ण पहलू हैं **(1)** विश्वास के बिना परमेश्वर को प्रसन्न नहीं कर सकते है **इब्रानियों 11:6**"*और विश्वास बिना उसे प्रसन्न करना अनहोना है, क्योंकि परमेश्वर के पास आने वाले को विश्वास करना चाहिए, कि वह है; और अपने खोजने वालों को प्रतिफल देता है।*" **(2)** धर्मी के रूप में **उत्पत्ति 15:6**"*उसने यहोवा पर विश्वास किया; और यहोवा ने इस बात को उसके लेखे में धर्म गिना।*" **(3)** परमेश्वर के पुत्र होना **यूहन्ना 1:12**"*परन्तु जितनों ने उसे ग्रहण किया, उस ने उन्हें परमेश्वर के सन्तान होने का अधिकार दिया, अर्थात उन्हें जो उसके नाम पर विश्वास रखते हैं।*" **(4)** जीवन **गलातियों 3:11**"*पर यह बात प्रगट है, कि व्यवस्था के द्वारा परमेश्वर के यहां कोई धर्मी नहीं ठहरता क्योंकि धर्मी जन विश्वास से जीवित रहेगा।*" (5) औचित्य **रोमियो 5:1**"*सो जब हम विश्वास से धर्मी ठहरे, तो अपने प्रभु यीशु मसीह के द्वारा परमेश्वर के साथ मेल रखें।*" **(6)** प्रार्थनाओं का उत्तर प्राप्त करना **मरकुस 11:22-24**"*यीशु ने उस को उत्तर दिया, कि परमेश्वर पर विश्वास रखो। मैं तुम से सच कहता हूं कि जो कोई इस पहाड़ से कहे; कि तू उखड़ जा, और समुद्र में जा पड़, और अपने मन में सन्देह न करे, वरन प्रतीति करे, कि जो कहता हूं वह हो जाएगा, तो उसके लिये वही होगा। इसलिये मैं तुम से कहता हूं, कि जो कुछ तुम प्रार्थना करके मांगो तो प्रतीति कर लो कि तुम्हें मिल गया, और तुम्हारे लिये हो जाएगा।*" **(7)** वादे प्राप्त करना **रोमियो 4:13**"*क्योंकि यह प्रतिज्ञा कि वह जगत का वारिस होगा, न इब्राहीम को, न उसके वंश को व्यवस्था के द्वारा दी गई थी, परन्तु विश्वास की धामिर्कता के द्वारा मिली।" (8) चलना 2*

कुरिन्थियों 5:7 "क्योंकि हम रूप को देखकर नहीं, पर विश्वास से चलते हैं।" **(9)** एक कवच है **इफिसियों 6:16***"और उन सब के साथ विश्वास की ढाल लेकर स्थिर रहो जिस से तुम उस दुष्ट के सब जलते हुए तीरों को बुझा सको।"* **(10)** विश्वास पापों को क्षमा करता है **मरकुस 2:5***"यीशु ने, उन का विश्वास देखकर, उस झोले के मारे हुए से कहा; हे पुत्र, तेरे पाप क्षमा हुए।"* **(11)** स्वर्ग के राज्य में प्रवेश करना **मरकुस 10:15***"मैं तुम से सच कहता हूं, कि जो कोई परमेश्वर के राज्य को बालक की नाईं ग्रहण न करे, वह उस में कभी प्रवेश करने न पाएगा।"* **(12)** जीवन में शांति और आनंद **रोमियो 5:1***"सो जब हम विश्वास से धर्मी ठहरे, तो अपने प्रभु यीशु मसीह के द्वारा परमेश्वर के साथ मेल रखें।"* **(13)** सुरक्षा का स्रोत **1 थिस्सलुनीकियों 5:8***"पर हम तो दिन के हैं, विश्वास और प्रेम की झिलम पहिनकर और उद्धार की आशा का टोप पहिन कर सावधान रहें।"* **(14)** मोक्ष का आश्वासन **इब्रानियों 10:39***"पर हम हटने वाले नहीं, कि नाश हो जाएं पर विश्वास करने वाले हैं, कि प्राणों को बचाएं॥"* जैसे-जैसे हम अन्य भाषाओं में अधिक से अधिक प्रार्थना करते हैं तो विश्वास की ये सभी विशेषताएँ हमारे अन्दर विकसित होती है। साथ ही हम अलौकिक विश्वास को भी विकसित करते है। जो चीजें दूसरों को असंभव लगती हैं वे हमें संभव लगेगी। हम इस विश्वास में चलते हैं कि हम परमेश्वर के लिए महान काम कर सकते हैं। यह केवल अन्य भाषाओं में प्रार्थना करने से ही संभव है। जब हम अन्य भाषाओं में प्रार्थना करते हैं तो हमारे अंदर पवित्र आत्मा उस विशेष लक्ष्य को पूरा करने के लिए आवश्यक विश्वास की मात्रा का विकास या निर्माण करता है।

(4) ओइकोडोमेओ (OIKODOMEO)

ग्रीक में ओइकोडोमेओ का अर्थ है उन्नति **1 कुरिन्थियों 14:4***"जो अन्य भाषा में बातें करता है, वह अपनी ही उन्नति करता है; परन्तु जो भविष्यद्वाणी करता है, वह कलीसिया की उन्नति करता है।"* जब हम अन्य भाषाओं में प्रार्थना करते है तो खुद को उन्नति करते हैं। जब हम हर दिन एक इमारत का निर्माण देखते हैं तो यह ऊंचा और लम्बा होता जाता है यह ठीक वैसा ही होता है जब कोई भाषाओं में प्रार्थना करता

है तो वह आत्मा में ऊंचा होता जाता है। ग्रीक भाषा के विद्‌वान हमें बताते हैं कि हमारे आधुनिक शब्द "चार्ज" मूल शब्द *"उन्नति होना"* के करीब है। जैसे कोई अपने फोन या टैबलेट या कंप्यूटर को चार्ज करते है, उसी प्रकार अन्य भाषाओं में प्रार्थना करने से हम आध्यात्मिक जीवन को चार्ज करते है। उन्नति का अर्थ है निर्माण करना। इसलिए जब हम अन्य भाषाओं में प्रार्थना करते हैं तो हम खुद का निर्माण करते हैं। जैसा एक भवन ऊंची दिखाई देती है, वैसे ही परमेश्वर हमें ऊँचा उठाते है क्योंकि परमेश्वर ने हमें नीचा दिखाने का कभी इरादा नहीं किया है। जब हम अन्य भाषा में प्रार्थना करते हैं तो परमेश्वर हमारे मस्तिष्क को ऊंचा उठाते है क्योंकि वह हमे ऊँचा देखना चाहता है भजन संहिता 3:3 "परन्तु हे यहोवा, तू तो मेरे चारों ओर मेरी ढ़ाल है, तू मेरी महिमा और मेरे मस्तिष्क का ऊंचा करने वाला है।" परमेश्वर सर्वोच्च परमेश्वर हैं, दुनिया के देवताओं की तरह कम नहीं **उत्पत्ति 14:22***"अब्राम ने सदोम के राजा से कहा, परमप्रधान ईश्वर यहोवा, जो आकाश और पृथ्वी का अधिकारी है।"* पवित्र आत्मा सर्वोच्च आत्मा है। **लूका 1:3***"इसलिये हे श्रीमान थियुफिलुस मुझे भी यह उचित मालूम हुआ कि उन सब बातों का सम्पूर्ण हाल आरम्भ से ठीक ठीक जांच करके उन्हें तेरे लिये क्रमानुसार लिखूं।"* परमेश्वर हमें कमजोर नहीं बनाए हैं। यदि हम केवल अन्य भाषा में प्रार्थना करेंगे तो हम कमजोर नहीं रहेंगे। परमेश्वर की इच्छा हमें ऊपर ले जाना है, हमें उच्च स्तर पर स्थापित करना है **भजन संहिता 91:14***"उसने जो मुझ से स्नेह किया है, इसलिये मैं उसको छुड़ाऊंगा; मैं उसको ऊंचे स्थान पर रखूंगा, क्योंकि उसने मेरे नाम को जान लिया है।"*

(5) पेराक्लेटोस (PARAKLETOS)

पेराक्लेटोस का मतलब है दिलासा देनेवाला। पवित्र आत्मा एक दिलासा देने वाला है; यह परमेश्वर के द्‌वारा हमारे असहाय परिस्थितियों के दौरान हमें दिलासा देने के लिए भेजा गया है। प्रभु यीशु वचन में बार-बार पवित्र आत्मा को दिलासा देने वाला कहा है। **यूहन्ना 14:26***"परन्तु सहायक अर्थात पवित्र आत्मा जिसे पिता मेरे नाम से भेजेगा, वह तुम्हें सब बातें सिखाएगा, और जो कुछ मैं ने तुम से कहा है, वह सब तुम्हें स्मरण कराएगा।"* **यूहन्ना 15:26***"परन्तु जब वह*

सहायक आएगा, जिसे मैं तुम्हारे पास पिता की ओर से भेजूंगा, अर्थात सत्य का आत्मा जो पिता की ओर से निकलता है, तो वह मेरी गवाही देगा।" **यूहन्ना 14:26***"परन्तु सहायक अर्थात पवित्र आत्मा जिसे पिता मेरे नाम से भेजेगा, वह तुम्हें सब बातें सिखाएगा, और जो कुछ मैं ने तुम से कहा है, वह सब तुम्हें स्मरण कराएगा।"* **यूहन्ना 16:7***"तौभी मैं तुम से सच कहता हूं, कि मेरा जाना तुम्हारे लिये अच्छा है, क्योंकि यदि मैं न जाऊं, तो वह सहायक तुम्हारे पास न आएगा, परन्तु यदि मैं जाऊंगा, तो उसे तुम्हारे पास भेज दूंगा।"* जब हम आत्मा में बहुत प्रार्थना करते हैं तो पवित्र आत्मा हमारे पास एक दिलासा देने वाले के रूप में कार्य करता है। जैसे हम अन्य भाषा में प्रार्थना करते रहते हैं तब पवित्र आत्मा जिनका स्वभाव दिलासा देनेवाला है, वो परमेश्वर के प्यार को हमारे दिलों में डाल देता है जिससे हम कठिन परिस्थितियों में धैर्य पाते है। कई बार आत्मा में प्रार्थना शुरू करने के तुरंत ही आपके मन शांति नहीं आती है, उस समय आपको लंबे समय तक प्रार्थना करनी पड़ सकती है, क्योंकि परमेश्वर अक्सर हमारी प्रतिबद्धता और संकल्प का परीक्षण लेते है। पवित्र आत्मा के शांति का अनुभव करने के लिए मैं अन्य भाषाओं में लंबे समय तक प्रार्थना करता हूँ, फिर परमेश्वर की शांति मेरे दिल को ढँक देती है। यदि आप किसी चीज के लिए प्रार्थना कर रहे है और आपको समझ नहीं आ रहा की आपको क्या करना है तो उस वक्त लम्बे समय के लिए अन्य भाषाओं में प्रार्थना करते रहिए और देखिए आपको परमेश्वर की शांति प्राप्त होगी । मै अपने अनुरोध को परमेश्वर के समक्ष रखता हूँ और शांति का अनुभव होने तक अन्य भाषा में प्रार्थना करता रहता हूँ और जब मैं वहां पहुँचता हूँ जहां मेरा दिल शांति में डूबने लगता है तो मुझे इस बात की पुष्टि हो जाती है कि मेरी प्रार्थनाओं का जवाब मिल गया है। हालाँकि कभी-कभी मुझे उत्तर की अभिव्यक्ति को देखने के लिए कुछ दिन लगते हैं, लेकिन मुझे यकीन है कि परमेश्वर मेरी दुहाई सुने है और मेरे प्रार्थना का उत्तर मुझ तक पहुंचने की राह पर है।

(6) वोइथेए (VOITHEIA)

ग्रीक में वोइथेए का अर्थ है "सहायता"। पवित्र आत्मा हमें बेशुमार तरीकों से मदद करता है, लेकिन उनका सबसे बड़ा मदद तब आता है जब

हम प्रार्थना करते है। रोमियो **8:26-27**"*इसी रीति से आत्मा भी हमारी दुर्बलता में सहायता करता है, क्योंकि हम नहीं जानते, कि प्रार्थना किस रीति से करना चाहिए; परन्तु आत्मा आप ही ऐसी आहें भर भरकर जो बयान से बाहर है, हमारे लिये बिनती करता है। और मनों का जांचने वाला जानता है, कि आत्मा की मनसा क्या है क्योंकि वह पवित्र लोगों के लिये परमेश्वर की इच्छा के अनुसार बिनती करता है।*" प्रेरित पौलुस का कहने का अर्थ यह नहीं है कि हम प्रार्थना करना नहीं जानते। हम सभी जानते हैं कि प्रार्थना कैसे करें? हम प्रभु यीशु के नाम में पिता से प्रार्थना करते हैं। यूहन्ना **16:23-24**"*उस दिन तुम मुझ से कुछ न पूछोगे: मैं तुम से सच सच कहता हूं, यदि पिता से कुछ मांगोगे, तो वह मेरे नाम से तुम्हें देगा। अब तक तुम ने मेरे नाम से कुछ नहीं मांगा; मांगो तो पाओगे ताकि तुम्हारा आनन्द पूरा हो जाए॥*" प्रेरित पौलुस का कहने का अर्थ यह था कि हम नहीं जानते कि हमें किस चीज के लिए प्रार्थना करनी है? यदि हम प्रार्थना के लिए अपने मन और मानवीय समझ पर निर्भर होते हैं, तो हम सभी परमेश्वर की योजना को अपने जीवन में खो देंगे। हम मनुष्य केवल उसी चीज़ की प्रार्थना करेंगे जो हमारे मन को पसंद होगा और बाइबल कहती है कि मन धोखेबाज है **यिर्मयाह 17:9**"*मन तो सब वस्तुओं से अधिक धोखा देने वाला होता है, उस में असाध्य रोग लगा है; उसका भेद कौन समझ सकता है?*" हमारी आध्यात्मिक वृद्धि में बाधा आएगी यदि हम अपने हृदय पर भरोसा करेंगे क्योंकि इसमें आक्रोश, कड़वाहट, अक्षमता, क्रोध आदि शामिल हैं, जब हम पवित्र आत्मा में प्रार्थना करते हैं तो इन हृदय की अशुद्धियों के लिए पवित्र आत्मा शुद्धिकरण की प्रक्रिया करता है। बहुत से ईसाई लंबे समय के लिए अपने आध्यात्मिक विकास नहीं देख पाते ऐसा इसलिए है क्योंकि वे सभी चीज के लिए प्रार्थना करते है पर जो वास्तव में उनकी आत्मा को प्रभावित करती है, उसको छोड़ देते है। जब हम अन्य भाषा में प्रार्थना करते हैं तो पवित्र आत्मा हमारे लिए हस्तक्षेप करता है। वह हमारी दुर्बलताओं में हमारी मदद करता है। इस धरती पर हमारी योजना और उद्देश्य ईश्वर से है जिसे भाग्य कहा जाता है। इससे पहले कि हम अपनी माँ के गर्भ में बनते हम परमेश्वर के विचारों में थे क्योंकि वह हमें

जानता था इससे पहले कि कोई हमें जाने **यिर्मयाह 1:5** *"गर्भ में रचने से पहिले ही मैं ने तुझ पर चित्त लगाया, और उत्पन्न होने से पहिले ही मैं ने तुझे अभिषेक किया; मैं ने तुझे जातियों का भविष्यद्वक्ता ठहराया।"* हमें रचना करने से पहले परमेश्वर ने हमारे दिव्य योजना की रचना की और जब हमारे दिव्य योजना की रचना की जा रही थी तो पवित्र आत्मा वहां थे और वे सब कुछ जानते है। जन्म लेने के बाद हम खो जाते हैं और पाप में जीते हैं और जब तक हम प्रभु यीशु को अपना निजी उद्धारकर्ता स्वीकार नहीं करेंगे तब तक हम अपने दिव्य योजना से नहीं जुड़ेंगे और जब हम उद्धार पाते है तब हमें पवित्र आत्मा से भर जाने और पवित्र आत्मा का बपतिस्मा पाने की आवश्यकता होती है क्योंकि तब ही हम परमेश्वर से संवाद करने के लिए प्रार्थना की नई भाषा प्राप्त करते हैं। जब हम अन्य भाषा में प्रार्थना करते रहते हैं, तो पवित्र आत्मा जो हमारे दिव्य योजना को जानता है, परमेश्वर से उस दिव्य योजना के लिए हस्तक्षेप(विज्ञापन) करेगा, और वे सभी वर्ष जो हमने पाप और अंधेरे में रहते हुए खो दिए थे फिर से हमारी जीवन में जारी किया जाएगा क्योंकि पवित्र आत्मा हमारे साथ इस नई भाषा में परमेश्वर से हमारी दिव्य योजना को हमारे जीवन में पूरा होने के लिए हस्तक्षेप (विज्ञापन) करता है। मत्ती 6:8 "सो तुम उन की नाईं न बनो, क्योंकि तुम्हारा पिता तुम्हारे मांगने से पहिले ही जानता है, कि तुम्हारी क्या क्या आवश्यक्ता है।" स्वर्ग में रहनेवाला पिता जानता है कि हमारे लिए सबसे अच्छा क्या है। परमेश्वर से प्रार्थना की यह नई भाषा हमें उनकी इच्छा के अनुसार परमेश्वर से मांगने में मदद करती है। क्योंकि पवित्र आत्मा ने पहले ही उस आध्यात्मिक भाषा में पिता से मांगा है! यह प्रभु में मजबूत होने के रहस्यों में से एक है। अगर हम परमेश्वर से उनकी सही इच्छा के अनुसार मांगते हैं तो हम निराश नहीं होंगे कि हमारे प्रार्थनाओं का जवाब नहीं मिल रहा हैं। जितना अधिक हम अन्य भाषा में प्रार्थना करते हैं उतना ही अधिक हम अपनी आवश्यकताओं को पूरा कर सकते हैं और उन आशीर्वादों को प्राप्त कर सकते हैं जो हमें आध्यात्मिक रूप से चाहिए! जो लोग अन्य भाषा में अधिक प्रार्थना करते हैं वे प्रभु से अधिक प्राप्त करते है।

(7) मिस्टिको (MYSTIKO)

मिस्टिको का अर्थ ग्रीक में 'रहस्य' है। जब हम पवित्र आत्मा में बपतिस्मा लेते हैं तो हमें परमेश्वर के साथ संवाद करने के लिए एक नई भाषा दी जाती है। पवित्र आत्मा हमारी ओर से परमेश्वर के साथ संवाद करने के लिए इस भाषा का उपयोग करता है। **1 कुरिन्थियों 14:2** *"क्योंकि जो अन्य 'भाषा में बातें करता है; वह मनुष्यों से नहीं, परन्तु परमेश्वर से बातें करता है; इसलिये कि उस की कोई नहीं समझता; क्योंकि वह भेद की बातें आत्मा में होकर बोलता है।"* यह एक विशेष संचार भाषा है जिसे कोई नहीं समझता है। ऐसा इसलिए है क्योंकि शैतान यह नहीं समझ पाएगा कि परमेश्वर की ओर से हमारे जीवन में वो दिव्य योजना क्या है और वो बाधा नहीं बन सकता है। बाइबल हमें सिखाती है कि जब हम अन्य भाषा में प्रार्थना करते हैं तो हम आत्मा में रहस्य बाते बोलते हैं। इसलिए यह सरल है कि हम दो भाषाओं को संचालित करते हैं, एक प्राकृतिक और दूसरी आध्यात्मिक । **रोमियो 8:26-27**"*इसी रीति से आत्मा भी हमारी दुर्बलता में सहायता करता है, क्योंकि हम नहीं जानते, कि प्रार्थना किस रीति से करना चाहिए; परन्तु आत्मा आप ही ऐसी आहें भर भरकर जो बयान से बाहर है, हमारे लिये बिनती करता है। और मनों का जांचने वाला जानता है, कि आत्मा की मनसा क्या है क्योंकि वह पवित्र लोगों के लिये परमेश्वर की इच्छा के अनुसार बिनती करता है।*" पवित्र आत्मा की सेवकाई हमारे लिए कई तरह से है: **(1)** वह पाप से मुक्त करता हैं (रोमियों 8: 2)। **(2)** वह मृत्युदंड को रद्‌द करता है (रोमियों 8:2)। **(3)** वह धार्मिकता को पूरा करता है (रोमियों 8:4-5)। **(4)** वह विश्वासियों को प्रेरित करता है (रोमियों 8:9-10)। **(5)** वह जीवन देता है (रोमियों 8:10)। **(6)** वह नश्वर शरीर को जगाता है (रोमियों 8:11) **(7)** वह पापी सदस्यों का उद्‌धार करता है (रोमियों 8:13)। **(8)** वह परमेश्वर के बच्चों का नेतृत्व करता है (रोमियों 8:14)। **(9)** उन्हें परमेश्वर के परिवार में जोडता है (रोमियों 8:15)। **(10)** वह पुत्रत्व का साक्षी है (रोमियों 8:16)। **(11)** वह दुर्बलताओं में मदद करता है (रोमियों 8:26) । **(12)** वह संतों के लिए मध्यस्थीकरण बनता है (रोमियों 8:26)। हम सब अपने प्रार्थना

जीवन के लिए जिम्मेदार हैं, हमें प्रार्थना करनी है और हमें उस अलौकिक भाषा को बोलना है जो आत्मा का एक वरदान है। उच्चारण उसी से होते हैं जो रहस्यों की तरह लगता है। क्योंकि इस पद्धति से पवित्र आत्मा हमें परमेश्वर की इच्छा में प्रार्थना करने में मदद करता है। पवित्र आत्मा को एक सहायक और एक मध्यस्थ के रूप में हमारे अन्दर रहने के लिए भेजा गया है। वह हमें प्रार्थना करने में मदद करने के लिए भेजा गया है। अन्य भाषा में प्रार्थना करना प्रार्थना है क्योंकि आत्मा उच्चारण करती है। यह आत्मा द्वारा निर्देशित प्रार्थना है। यह प्रार्थना में गलतियों की संभावना को समाप्त करता है।

इसलिए अन्य भाषा में प्रार्थना करना एक सिद्धांत नहीं है, बल्कि यह एक उपहार या आत्मिक वर है। **1 कुरिन्थियों 12:8-10**"*क्योंकि एक को आत्मा के द्वारा बुद्धि की बातें दी जाती हैं; और दूसरे को उसी आत्मा के अनुसार ज्ञान की बातें। और किसी को उसी आत्मा से विश्वास; और किसी को उसी एक आत्मा से चंगा करने का वरदान दिया जाता है। फिर किसी को सामर्थ के काम करने की शक्ति; और किसी को भविष्यद्वाणी की; और किसी को आत्माओं की परख, और किसी को अनेक प्रकार की भाषा; और किसी को भाषाओं का अर्थ बताना।*" परमेश्वर जो हमें दे रहे है उसे स्वीकार करना जरूरी है तथा हमें अपनी मानवीय समझ पर आधारित नहीं होनी चाहिए। अन्य सभी उपहारों की तरह ही हमारे जीवन को आसान बनाने के लिए अन्य भाषा में प्रार्थना करना भी परमेश्वर के द्वारा दिया गया एक अलौकिक उपहार है।

अपॉस्टल अरविन्द एफ्रैम की अन्य पुस्तकें

(1) 'W' Warfare
(2) The Ministry of Prayer - Volume 1
(3) The Ministry of Faith
(4) A Guide to Access God's Authority
(5) The Ministry of Prayer - Volume 2
(6) The Door Was Not Shut
(7) Lord Teach Us to Pray
(8) १२ घोषणाएं
(9) प्रार्थना का महत्त्व - भाग 1
(10) विश्वास का महत्त्व
(11) परमेश्वर के अधिकार का उपयोग

Contact

email: pastor.ephraim@gmail.com
website: www.healingpowerministry.org
address:
Healing Power Ministry, PO Box 924707, Houston, TX 77292 , USA

www.ingramcontent.com/pod-product-compliance
Lightning Source LLC
LaVergne TN
LVHW050922210926
848482LV00012B/506
9781636331089